Stille Nacht

EINE LITERARISCHE BESCHERUNG

★

Herausgegeben von
Constanze Neumann

| Hoffmann und Campe |

1. Auflage 2013
Copyright © für diese Ausgabe 2013
by Hoffmann und Campe Verlag, Hamburg
www.hoca.de
Satz: pagina GmbH, Tübingen
Gesetzt aus der Sabon
Einbandgestaltung: Katja Maasböl, Hamburg
Druck und Bindung: GGP Media GmbH, Pößneck
Printed in Germany
ISBN 978-3-455-40461-6

Ein Unternehmen der
GANSKE VERLAGSGRUPPE

INHALTSVERZEICHNIS

Leise rieselt der Schnee

WINTERZEIT – ADVENTSZEIT

★

Theodor Fontane
NOCH IST HERBST NICHT GANZ ENTFLOHN

Noch ist Herbst nicht ganz entflohn,
Aber als Knecht Ruprecht schon
Kommt der Winter hergeschritten,
Und alsbald aus Schnee'es Mitten
Klingt des Schlittenglöckleins Ton.

Und was jüngst noch, fern und nah,
Bunt auf uns herniedersah,
Weiß sind Türme, Dächer, Zweige,
Und das Jahr geht auf die Neige,
Und das schönste Fest ist da.

Tag du der Geburt des Herrn,
Heute bist du uns noch fern,
Aber Tannen, Engel, Fahnen
Lassen uns den Tag schon ahnen,
Und wir sehen schon den Stern.

Die Fee, bei der er einen Wunsch frei hat, gibt es für jeden. Allein nur wenige wissen sich des Wunsches zu entsinnen, den sie taten; nur wenige erkennen darum später im eignen Leben die Erfüllung wieder. Ich weiß den, der mir in Erfüllung ging, und will nicht sagen, daß er klüger gewesen ist als der der Märchenkinder. Er bildete sich in mir mit der Lampe, wenn sie am frühen Wintermorgen um halb sieben sich meinem Bette näherte und den Schatten des Kindermädchens an die Decke warf. Im Ofen wurde Feuer angezündet. Bald sah die Flamme, wie in ein viel zu kleines Schubfach eingepfercht, wo sie vor Kohlen kaum sich rühren konnte, zu mir hin. Und doch war es ein so Gewaltiges, das dort in nächster Nähe, kleiner als ich selbst, sich einzurichten anfing, und zu dem die Magd sich tiefer bücken mußte als zu mir. Wenn es versorgt war, tat sie einen Apfel zum Braten in die Ofenröhre. Bald zeichnete sich das Gatter der Kamintür im roten Flackern auf der Diele ab. Und meiner Müdigkeit kam vor, sie habe an diesem Bilde für den Tag genug. So war es um diese Stunde immer; nur die Stimme des Kindermädchens störte den Vollzug, mit dem der Wintermorgen mich den Dingen in meinem Zimmer anzutrauen pflegte. Noch war die Jalousie nicht hochgezogen, da schob ich schon zum erstenmal den Riegel der Ofentür beiseite, um dem Apfel in seiner Röhre nachzuspüren. Manchmal hatte er sein Arom noch kaum verändert. Und dann geduldete ich mich, bis ich den schaumigen Duft zu wittern glaubte, der aus einer tieferen und verschwiegeneren Zelle des Wintertages kam als selbst der Duft des Baums am Weihnachtsabend. Da lag die dunkle, warme Frucht, der Apfel, der sich, vertraut und doch verändert wie ein guter Bekannter, der verreist war, bei mir einfand. Es war die Reise durch das dunkle Land der Ofenhitze, der er die Arome von allen Dingen abgewonnen hatte, welche der Tag mir in Bereitschaft hielt. Und darum war es auch nicht sonderbar, daß immer, wenn ich an seinen blanken Wangen meine Hände wärmte, ein Zögern mich beschlich, ihn anzubeißen. Ich spürte, daß die flüchtige Kunde, die er in seinem Dufte brachte, allzu leicht mir auf dem Wege über meine Zunge entkommen könne. Jene Kunde, die mich manchmal so beherzte, daß sie mich noch auf dem Marsch zur Schule tröstete. Dort angelangt, kam freilich bei Berührung mit meiner Bank die ganze Müdigkeit, die erst verflogen schien, verzehnfacht wieder. Und mit ihr jener Wunsch: ausschlafen zu können. Ich habe ihn wohl tausendmal getan und später ging er wirklich in Erfüllung. Doch lange dauerte es, bis ich sie darin erkannte, daß noch jedesmal die Hoffnung, die ich auf Stellung und ein sicheres Brot gehegt hatte, umsonst gewesen war.

Manchmal nahm mich an Winterabenden meine Mutter zum Kaufmann mit. Es war ein dunkles, unbekanntes Berlin, das sich im Gaslicht vor mir ausbreitete. Wir blieben im alten Westen, dessen Straßenzüge einträchtiger und anspruchsloser waren als die später bevorzugten. Die Erker und Säulen gewahrte man nicht mehr deutlich, und in die Fassaden war Licht getreten. Lag es an den Mullgardinen, den Stores oder dem Gasstrumpf unter der Hängelampe – dies Licht verriet von den erleuchteten Zimmern wenig. Es hatte es nur mit sich selbst zu tun. Es zog mich an und machte mich nachdenklich. Das tut es in der Erinnerung heute noch. Dabei geleitet es mich am liebsten zu einer von meinen Ansichtskarten. Sie stellte einen Berliner Platz dar. Die Häuser, die ihn umgaben, waren von zartem Blau, der nächtliche Himmel, an dem der Mond stand, von dunklerem. Der Mond und die sämtlichen Fenster waren in der blauen Kartonschicht ausgespart. Sie wollten gegen die Lampe gehalten werden, dann brach ein gelber Schein aus den Wolken und Fensterreihen. Ich kannte die abgebildete Gegend nicht. »Hallesches Tor« stand darunter. Tor und Halle traten in ihr zusammen und bildeten die erhellte Grotte, in welcher ich die Erinnerung an das winterliche Berlin vorfinde.

Klabund

WINTERSCHLAF

Indem man sich nunmehr zum Winter wendet,
Hat es der Dichter schwer,
Der Sommer ist geendet,
Und eine Blume wächst nicht mehr.

Was soll man da besingen?
Die meisten Requisiten sind vereist.
Man muß schon in die eigene Seele dringen –
Jedoch, da haperts meist.

Man sitzt besorgt auf seinen Hintern,
Man sinnt und sitzt sich seine Hose durch, –
Da hilft das eben nichts, da muß man eben überwintern
Wie Frosch und Lurch.

Christian Morgenstern
DER SEUFZER

Ein Seufzer lief Schlittschuh auf nächtlichem Eis
und träumte von Liebe und Freude.
Es war an dem Stadtwall; und schneeweiß
glänzten die Stadtwallgebäude.

Der Seufzer dacht an ein Maidelein
und blieb erglühend stehen.
Da schmolz die Eisbahn unter ihm ein –
und er sank – und ward nimmer gesehen.

Rainer Maria Rilke
ADVENT

Es treibt der Wind im Winterwalde
die Flockenherde wie ein Hirt,
und manche Tanne ahnt, wie balde
sie fromm und lichterheilig wird;
und lauscht hinaus. Den weißen Wegen
streckt sie die Zweige hin – bereit,
und wehrt dem Wind und wächst entgegen
der einen Nacht der Herrlichkeit.

Joseph von Eichendorff
WEIHNACHTEN

Markt und Straßen stehn verlassen,
Still erleuchtet jedes Haus,
Sinnend geh ich durch die Gassen,
Alles sieht so festlich aus.

An den Fenstern haben Frauen
Buntes Spielzeug fromm geschmückt,
Tausend Kindlein stehn und schauen,
Sind so wunderstill beglückt.

Und ich wandre aus den Mauern
Bis hinaus ins freie Feld,
Hehres Glänzen, heilges Schauern!
Wie so weit und still die Welt!

Sterne hoch die Kreise schlingen,
Aus des Schnees Einsamkeit
Steigts wie wunderbares Singen –
O du gnadenreiche Zeit!

Morgen, Kinder, wird's was geben

VORFREUDE IST DIE SCHÖNSTE FREUDE

★

J. P. Richter

GESCHICHTE EINES PFEFFERKUCHENMANNES

Es war einmal ein Pfefferkuchenmann,
von Wuchs groß und mächtig,
und was seinen innern Wert betraf,
so sagte der Bäcker »Prächtig.«

Auf dieses glänzende Zeugnis hin
erstand ihn der Onkel Heller
und stellte ihn seinem Patenkind,
dem Fritz, auf den Weihnachtsteller.

Doch kaum war mit dem Pfefferkuchenmann
der Fritz ins Gespräch gekommen,
da hatte er schon – aus Höflichkeit –
die Mütze ihm abgenommen.

Als schlafen ging der Pfefferkuchenmann,
da bog er sich krumm vor Schmerze:
an der linken Seite fehlte fast ganz
sein stolzes Rosinenherze!

Als Fritz tags drauf den Pfefferkuchenmann
besuchte, ganz früh und alleine,
da fehlten, o Schreck, dem armen Kerl
ein Arm und schon beide Beine!

Und wo einst saß am Pfefferkuchenmann
die mächt'ge Habichtsnase,
da war ein Loch! Und er weinte still
eine bräunliche Sirupblase.

Von nun an nahm der Pfefferkuchenmann
ein reißendes, schreckliches Ende:
Das letzte Stückchen kam schließlich durch Tausch
in Schwester Margretchens Hände.

Die kochte als sorgliche Hausfrau draus
für ihre hungrige Puppe
auf ihrem neuen Spiritusherd
eine kräftige, leckere Suppe.

Und das geschah dem Pfefferkuchenmann,
den einst so viele bewundert
in seiner Schönheit bei Bäcker Schmidt,
im Jahre neunzehnhundert.

August Heinrich Hoffmann von Fallersleben
DER WEIHNACHTSMANN

Morgen kommt der Weihnachtsmann,
Kommt mit seinen Gaben.
Trommel, Pfeifen und Gewehr,
Fahn und Säbel und noch mehr,
Ja, ein ganzes Kriegesheer
Möcht ich gerne haben!

Bring uns, lieber Weihnachtsmann,
Bring auch morgen, bringe
Musketier und Grenadier,
Zottelbär und Panthertier,
Roß und Esel, Schaf und Stier,
Lauter schöne Dinge!

Doch du weißt ja unsern Wunsch,
Kennst ja unsre Herzen.
Kinder, Vater und Mama,
Auch sogar der Großpapa,
Alle, alle sind wir da,
Warten dein mit Schmerzen.

Hans Christian Andersen
DER TANNENBAUM

Draußen im Walde stand ein niedlicher, kleiner Tannenbaum; er hatte einen guten Platz, Sonne konnte er bekommen, Luft war genug da, und ringsumher wuchsen
viel größere Kameraden, sowohl Tannen als Fichten.
Aber dem kleinen Tannenbaum schien nichts so wich-
tig als das Wachsen; er achtete nicht der warmen Sonne und der frischen Luft, er kümmerte sich nicht um
die Bauerkinder, die da gingen und plauderten, wenn sie
herausgekommen waren, um Erdbeeren und Himbeeren
zu sammeln. Oft kamen sie mit einem ganzen Topf voll
oder hatten Erdbeeren auf einen Strohhalm gezogen,
dann setzten sie sich neben den kleinen Tannenbaum
und sagten: »Wie niedlich klein ist der!« Das mochte der
Baum gar nicht hören.

Im folgenden Jahre war er ein langes Glied größer,
und das Jahr darauf war er um noch eins länger, denn
bei den Tannenbäumen kann man immer an den vielen Gliedern, die sie haben, sehen, wie viele Jahre sie gewachsen sind.

»O, wäre ich doch so ein großer Baum wie die andern!«, seufzte das kleine Bäumchen. »Dann könnte
ich meine Zweige so weit umher ausbreiten und mit der
Krone in die weite Welt hinausblicken! Die Vögel würden dann Nester zwischen meinen Zweigen bauen, und

wenn der Wind weht, könnte ich so vornehm nicken, gerade wie die andern dort!«

Er hatte gar keine Freude am Sonnenschein, an den Vögeln und den roten Wolken, die morgens und abends über ihn hinsegelten.

War es nun Winter und der Schnee lag ringsumher funkelnd weiß, so kam häufig ein Hase angesprungen und setzte gerade über den kleinen Baum weg. O, das war ärgerlich! Aber zwei Winter vergingen und im dritten war das Bäumchen so groß, dass der Hase um dasselbe herumlaufen musste. »O, wachsen, wachsen, groß und alt werden, das ist doch das einzige Schöne in dieser Welt!«, dachte der Baum.

Im Herbst kamen immer Holzhauer und fällten einige der größten Bäume; das geschah jedes Jahr und dem jungen Tannenbaum, der nun ganz gut gewachsen war, schauderte dabei; denn die großen, prächtigen Bäume fielen mit Knacken und Krachen zur Erde, die Zweige wurden abgehauen, die Bäume sahen ganz nackt, lang und schmal aus; sie waren fast nicht zu erkennen. Aber dann wurden sie auf Wagen gelegt und Pferde zogen sie davon, aus dem Walde hinaus.

Wohin sollten sie? Was stand ihnen bevor?

Im Frühjahr, als die Schwalben und Störche kamen, fragte sie der Baum: »Wisst ihr nicht, wohin sie geführt wurden? Seid ihr ihnen begegnet?«

Die Schwalben wussten nichts, aber der Storch sah nachdenkend aus, nickte mit dem Kopfe und sagte: »Ja, ich glaube wohl; mir begegneten viele neue Schiffe, als ich aus Ägypten flog; auf den Schiffen waren prächtige Mastbäume; ich darf annehmen, dass sie es waren, sie hatten Tannengeruch; ich kann vielmals grüßen, sie prangen, sie prangen!«

»O, wäre ich doch auch groß genug, um über das Meer hinfahren zu können! Was ist das eigentlich, dieses Meer, und wie sieht es aus?«

»Ja, das ist weitläufig zu erklären!«, sagte der Storch und damit ging er.

»Freue dich deiner Jugend!«, sagten die Sonnenstrahlen; »freue dich deines frischen Wachstums, des jungen Lebens, das in dir ist!«

Und der Wind küsste den Baum und der Tau weinte Tränen über denselben, aber das verstand der Tannenbaum nicht.

Wenn es gegen die Weihnachtszeit war, wurden ganz junge Bäume gefällt, Bäume, die oft nicht einmal so groß oder gleichen Alters mit diesem Tannenbaume waren, der weder Rast noch Ruhe hatte, sondern immer davonwollte; diese jungen Bäume und es waren gerade die allerschönsten, behielten immer alle ihre Zweige; sie wurden auf Wagen gelegt und Pferde zogen sie von dannen zum Walde hinaus.

»Wohin sollen diese?«, fragte der Tannenbaum. »Sie sind nicht größer als ich, einer ist sogar viel kleiner; weswegen behalten sie alle ihre Zweige? Wohin fahren sie?«

»Das wissen wir! Das wissen wir!«, zwitscherten die Sperlinge. »Unten in der Stadt haben wir in die Fenster gesehen! Wir wissen, wohin sie fahren! O, sie gelangen zur größten Pracht und Herrlichkeit, die man sich denken kann! Wir haben in die Fenster gesehen und erblickt, dass sie mitten in der warmen Stube aufgepflanzt und mit den schönsten Sachen, vergoldeten Äpfeln, Honigkuchen, Spielzeug und vielen hundert Lichtern geschmückt werden.«

»Und dann?«, fragte der Tannenbaum und bebte in allen Zweigen. »Und dann? Was geschieht dann?«

»Ja, mehr haben wir nicht gesehen! Das war unvergleichlich schön!«

»Ob ich wohl bestimmt bin, diesen strahlenden Weg zu betreten?«, jubelte der Tannenbaum. »Das ist noch besser, als über das Meer zu ziehen! Wie leide ich an Sehnsucht! Wäre es doch Weihnachten! Nun bin ich hoch und entfaltet wie die andern, die im vorigen Jahre davongeführt wurden! O, wäre ich erst auf dem Wagen, wäre ich doch in der warmen Stube mit all der Pracht und Herrlichkeit! Und dann? Ja, dann kommt noch etwas Besseres, noch Schöneres, warum würden sie mich sonst so schmücken? Es muss noch etwas Größeres, Herrlicheres kommen! Aber was? O, ich leide, ich sehne mich, ich weiß selbst nicht, wie es mir ist!«

»Freue dich unser!«, sagten die Luft und das Sonnenlicht; »freue dich deiner frischen Jugend im Freien!«

Aber er freute sich durchaus nicht; er wuchs und wuchs, Winter und Sommer stand er grün; dunkelgrün stand er da, die Leute, die ihn sahen, sagten: »Das ist ein schöner Baum!«, und zur Weihnachtszeit wurde er von allen zuerst gefällt. Die Axt hieb tief durch das

Mark; der Baum fiel mit einem Seufzer zu Boden, er fühlte einen Schmerz, eine Ohnmacht, er konnte gar nicht an irgendein Glück denken, er war betrübt, von der Heimat scheiden zu müssen, von dem Flecke, auf dem er emporgeschossen war; er wusste ja, dass er die lieben, alten Kameraden, die kleinen Büsche und Blumen ringsumher nie mehr sehen werde, ja vielleicht nicht einmal die Vögel. Die Abreise hatte durchaus nichts Behagliches.

Der Baum kam erst wieder zu sich selbst, als er im Hofe, mit andern Bäumen abgeladen, einen Mann sagen hörte: »Dieser hier ist prächtig! Wir brauchen nur diesen!«

Nun kamen zwei Diener im vollen Staat und trugen den Tannenbaum in einen großen, schönen Saal. Ringsherum an den Wänden hingen Bilder und bei dem großen Kachelofen standen große chinesische Vasen mit Löwen auf den Deckeln; da waren Wiegestühle, seidene Sofas, große Tische voll von Bilderbüchern und Spielzeug für hundertmal hundert Taler; wenigstens sagten das die Kinder. Der Tannenbaum wurde in ein großes, mit Sand gefülltes Fass gestellt, aber niemand konnte sehen, dass es ein Fass war, denn es wurde rund herum mit grünem Zeug behängt und stand auf einem großen, bunten Teppich. O, wie der Baum bebte! Was wird da doch vorgehen? Sowohl die Diener als die Fräulein schmückten ihn. An einen Zweig hängten sie kleine Netze, aus farbigem Papier ausgeschnitten, jedes Netz war mit Zuckerwerk gefüllt; vergoldete Äpfel und Walnüsse hingen herab, als wären sie festgewachsen, und über hundert rote, blaue und weiße kleine Lichter wurden in den Zweigen festgesteckt. Puppen, die leibhaft wie die Menschen aussahen – der Baum hatte früher nie solche gesehen –, schwebten im Grünen und hoch oben in der Spitze wurde ein Stern von Flittergold befestigt. Das war prächtig, ganz außerordentlich prächtig!

»Heute Abend«, sagten alle, »heute Abend wird es strahlen!«

»O«, dachte der Baum, »wäre es doch Abend! Würden nur die Lichter bald angezündet! Und was dann wohl geschieht? Ob da wohl Bäume aus dem Walde kommen, mich zu sehen? Ob die Sperlinge gegen die Fensterscheiben fliegen? Ob ich hier festwachse und Winter und Sommer geschmückt stehen werde?«

Ja, er wusste gut Bescheid; aber er hatte ordentlich Borkenschmerzen vor lauter Sehnsucht, und Borkenschmerzen sind für einen Baum eben so schlimm wie Kopfschmerzen für uns andere.

Nun wurden die Lichter angezündet. Welcher Glanz, welche Pracht! Der Baum bebte in allen Zweigen dabei, so dass eins der Lichter das Grüne anbrannte; es sengte ordentlich.

»Gott bewahre uns!«, schrien die Fräulein und löschten es hastig aus.

Nun durfte der Baum nicht einmal beben. O, das war ein Grauen! Ihm war bange, etwas von seinem Staate zu verlieren; er war ganz betäubt von all dem Glanze. Da gingen beide Flügeltüren auf und eine Menge Kinder stürzten herein, als wollten sie den ganzen Baum umwerfen, die älteren Leute kamen bedächtig nach; die Kleinen standen ganz stumm, aber nur einen Augenblick, dann jubelten sie wieder, dass es laut schallte, sie tanzten um den Baum herum, und ein Geschenk nach dem andern wurde abgepflückt.

»Was machen sie?«, dachte der Baum. »Was soll geschehen?« Die Lichter brannten gerade bis auf die Zweige herunter, und je nachdem sie niederbrannten, wurden sie ausgelöscht, und dann erhielten die Kinder die Erlaubnis, den Baum zu plündern. O, sie stürzten auf denselben ein, dass es in allen Zweigen knackte; wäre er nicht mit der Spitze und mit dem Goldsterne an der Decke festgemacht gewesen, so wäre er umgestürzt.

Die Kinder tanzten mit ihrem prächtigen Spielzeug herum, niemand sah nach dem Baume, ausgenommen das alte Kindermädchen, welches kam und zwischen die Zweige blickte; aber es geschah nur, um zu sehen, ob nicht noch eine Feige oder ein Apfel vergessen sei.

»Eine Geschichte, eine Geschichte!«, riefen die Kinder und zogen einen kleinen, dicken Mann gegen den Baum hin, und er setzte sich gerade unter denselben, »denn so sind wir im Grünen«, sagte er, »und der Baum kann besonders Nutzen davon haben, zuzuhören! Aber ich erzähle nur eine Geschichte. Wollt ihr die von Ivede-Avede oder die von Klumpe-Dumpe hören, der die Treppen hinunterfiel und doch erhöht wurde und die Prinzessin erhielt?«

»Ivede-Avede!«, schrien einige, »Klumpe-Dumpe!«, schrien andere. Das war ein Rufen und Schreien! Nur der Tannenbaum schwieg ganz still und dachte: »Komme ich gar nicht mit, werde ich nichts dabei zu tun haben?« Er war ja mit gewesen, hatte ja geleistet, was er sollte.

Der Mann erzählte von Klumpe-Dumpe, welcher die Treppen hinunterfiel und doch erhöht wurde und die Prinzessin erhielt. Und die Kinder klatschten in die Hände und riefen: »Erzähle, erzähle!« Sie wollten auch die Geschichte von Ivede-Avede hören, aber sie bekamen nur die von Klumpe-Dumpe. Der Tannenbaum stand ganz stumm und gedankenvoll, nie hatten die Vögel im Walde dergleichen erzählt. »Klumpe-Dumpe fiel die Treppen hinunter und bekam doch die Prinzessin! Ja, ja, so geht es in der Welt zu!«, dachte der Tannenbaum und glaubte, dass es wahr sei, weil es ein so netter Mann war, der es erzählte. »Ja, ja! Vielleicht falle ich auch die Treppe hinunter und bekomme eine Prinzessin!« Und er freute sich, den nächsten Tag wieder mit Lichtern und Spielzeug, Gold und Früchten aufgeputzt zu werden.

»Morgen werde ich nicht zittern!«, dachte er. »Ich will mich recht aller meiner Herrlichkeit freuen. Morgen werde ich wieder die Geschichte von Klumpe-Dumpe und vielleicht auch die von Ivede-Avede hören.« Und der Baum stand die ganze Nacht still und gedankenvoll.

Am Morgen kamen die Diener und das Mädchen herein.

»Nun beginnt der Staat aufs Neue!«, dachte der Baum; aber sie schleppten ihn zum Zimmer hinaus, die Treppe hinauf, auf den Boden und stellten ihn in einen dunkeln Winkel, wohin kein Tageslicht schien. »Was soll das bedeuten?«, dachte der Baum. »Was soll ich hier wohl machen? Was mag ich hier wohl hören sollen?« Er lehnte sich gegen die Mauer und dachte und dachte. Und er hatte Zeit genug, denn es vergingen Tage und Nächte; niemand kam herauf, und als endlich jemand kam, so geschah es, um einige große Kasten in den Winkel zu stellen; der Baum stand ganz versteckt, man musste glauben, dass er ganz vergessen war.

»Nun ist es Winter draußen!«, dachte der Baum. »Die Erde ist hart und mit Schnee bedeckt, die Menschen können mich nicht pflanzen; deshalb soll ich wohl bis zum Frühjahr hier im Schutz stehen! Wie wohl bedacht ist das! Wie die Menschen doch so gut sind! Wäre es hier nur nicht so dunkel und schrecklich einsam! Nicht einmal ein kleiner Hase! Das war doch niedlich da draußen im Walde, wenn der Schnee lag und der Hase vorbeisprang, ja selbst als er über mich hinwegsprang; aber damals mochte ich es nicht leiden. Hier oben ist es doch schrecklich einsam!«

»Pip, pip!«, sagte da eine kleine Maus und huschte hervor; und dann kam noch eine kleine. Sie beschnüffelten den Tannenbaum und dann schlüpften sie zwischen dessen Zweige.

»Es ist eine gräuliche Kälte!«, sagten die kleinen

Mäuse. »Sonst ist hier gut sein; nicht wahr, du alter Tannenbaum?«

»Ich bin gar nicht alt!«, sagte der Tannenbaum; »es gibt viele, die weit älter sind denn ich!«

»Woher kommst du«, fragten die Mäuse, »und was weißt du?« Sie waren gewaltig neugierig. »Erzähle uns doch von den schönsten Orten auf Erden! Bist du dort gewesen? Bist du in der Speisekammer gewesen, wo Käse auf den Brettern liegen und Schinken unter der Decke hängen, wo man auf Talglicht tanzt, mager hineingeht und fett herauskommt?«

»Das kenne ich nicht«, sagte der Baum; »aber den Wald kenne ich, wo die Sonne scheint und die Vögel singen!« Und dann erzählte er alles aus seiner Jugend, die kleinen Mäuse hatten früher nie dergleichen gehört, und sie horchten auf und sagten: »Wie viel du gesehen hast! Wie glücklich du gewesen bist!«

»Ich?«, sagte der Tannenbaum und dachte über das, was er selbst erzählte, nach. »Ja, es waren im Grunde ganz fröhliche Zeiten!« Aber dann erzählte er vom Weihnachtsabend, wo er mit Kuchen und Lichtern geschmückt war.

»O«, sagten die kleinen Mäuse, »wie glücklich du gewesen bist, du alter Tannenbaum!«

»Ich bin gar nicht alt!«, sagte der Baum; »erst in diesem Winter bin ich vom Walde gekommen! Ich bin in meinem allerbesten Alter, ich bin nur so aufgeschossen.«

»Wie schön du erzählst!«, sagten die kleinen Mäuse, und in der nächsten Nacht kamen sie mit vier anderen kleinen Mäusen, die den Baum erzählen hören sollten, und je mehr er erzählte, desto deutlicher erinnerte er sich selbst an alles und dachte: »Es waren doch ganz fröhliche Zeiten! Aber sie können wiederkommen, können wiederkommen! Klumpe-Dumpe fiel die Treppe hinunter und erhielt doch die Prinzessin; vielleicht kann ich auch eine Prinzessin bekommen.« Und dann dachte der Tannenbaum an eine kleine niedliche Birke, die draußen im Walde wuchs; das war für den Tannenbaum eine wirkliche schöne Prinzessin.

»Wer ist Klumpe-Dumpe?«, fragten die kleinen Mäuse. Da erzählte der Tannenbaum das ganze Märchen, er konnte sich jedes einzelnen Wortes entsinnen; die kleinen Mäuse waren aus reiner Freude bereit, bis an die Spitze des Baumes zu springen. In der folgenden Nacht kamen weit mehr Mäuse und am Sonntage sogar zwei Ratten, aber die meinten, die Geschichte sei nicht hübsch, und das betrübte die kleinen Mäuse, denn nun hielten sie auch weniger davon.

»Wissen Sie nur die eine Geschichte?«, fragten die Ratten.

»Nur die eine«, antwortete der Baum; »die hörte ich an meinem glücklichsten Abend, aber damals dachte ich nicht daran, wie glücklich ich war.«

»Das ist eine höchst jämmerliche Geschichte! Kennen Sie keine von Speck und Talglicht? Keine Speisekammergeschichte?«

»Nein!«, sagte der Baum.

»Ja, dann danken wir dafür!«, erwiderten die Ratten und gingen zu den ihrigen zurück.

Die kleinen Mäuse blieben zuletzt auch weg, und da seufzte der Baum: »Es war doch ganz hübsch, als sie um mich herumsaßen, die beweglichen kleinen Mäuse, und zuhörten, wie ich erzählte! Nun ist auch das vorbei! Aber ich werde daran denken, mich zu freuen, wenn ich wieder hervorgenommen werde.«

Aber wann geschah das? Ja, es war eines Morgens, da kamen Leute und wirtschafteten auf dem Boden; die Kasten wurden weggesetzt, der Baum wurde hervorgezogen; sie warfen ihn freilich ziemlich hart gegen den Fußboden, aber ein Diener schleppte ihn gleich nach der Treppe hin, wo der Tag leuchtete.

»Nun beginnt das Leben wieder!«, dachte der Baum; er fühlte die frische Luft, die ersten Sonnenstrahlen, und nun war er draußen im Hofe. Alles ging geschwind, der Baum vergaß völlig, sich selbst zu betrachten, da war so vieles ringsumher zu sehen. Der Hof stieß an einen Garten, und alles blühte darin; die Rosen hingen frisch und duftend über das kleine Gitter hinaus, die Lindenbäume blühten, und die Schwalben flogen umher und sagten: »Quirrevirrevit, mein Mann ist kommen!« Aber es war nicht der Tannenbaum, den sie meinten.

»Nun werde ich leben!«, jubelte dieser und breitete seine Zweige weit aus; aber ach, die waren alle vertrocknet und gelb; und er lag da zwischen Unkraut und Nesseln. Der Stern von Goldpapier saß noch oben in der Spitze und glänzte im hellen Sonnenschein.

Im Hofe selbst spielten ein paar der munteren Kinder, die zur Weihnachtszeit den Baum umtanzt hatten und so froh über denselben gewesen waren. Eins der kleinsten lief hin und riss den Goldstern ab.

»Sieh, was da noch an dem hässlichen, alten Tannenbaum sitzt!«, sagte es und trat auf die Zweige, so dass sie unter seinen Stiefeln knackten.

Der Baum sah auf all die Blumenpracht und Frische im Garten, er betrachtete sich selbst und wünschte, dass er in seinem dunkeln Winkel auf dem Boden geblieben wäre; er gedachte seiner frischen Jugend im Walde, des lustigen Weihnachtsabends und der kleinen Mäuse, die so munter die Geschichte von Klumpe-Dumpe angehört hatten.

»Vorbei, vorbei!«, sagte der arme Baum. »Hätte ich mich doch gefreut, als ich es noch konnte! Vorbei, vorbei!«

Der Diener kam und hieb den Baum in kleine Stücke, ein ganzes Bund lag da; hell flackerte es auf unter dem großen Braukessel. Der Baum seufzte tief, und jeder Seufzer war einem kleinen Schusse gleich; deshalb liefen die Kinder, die da spielten, herbei und setzten sich vor das Feuer, blickten in dasselbe hinein und riefen: »Piff, paff!« Aber bei jedem Knalle, der ein tiefer Seufzer war, dachte der Baum an einen Sommerabend im Walde oder an eine Winternacht da draußen, wenn die Sterne funkelten; er dachte an den Weihnachtsabend und an Klumpe-Dumpe, das einzige Märchen, welches er gehört hatte und zu erzählen wusste – und dann war der Baum verbrannt.

Die Knaben spielten im Garten und der kleinste hatte den Goldstern auf der Brust, den der Baum an seinem glücklichsten Abend getragen; nun war der vorbei, und mit dem Baum war es auch vorbei und mit der Geschichte auch; vorbei, vorbei, und so geht es mit allen Geschichten!

Theodor Storm
KNECHT RUPRECHT

Von drauß' vom Walde komm ich her;
Ich muß euch sagen, es weihnachtet sehr!
Allüberall auf den Tannenspitzen
Sah ich goldene Lichtlein sitzen;
Und droben aus dem Himmelstor
Sah mit großen Augen das Christkind hervor;
Und wie ich so strolcht' durch den finstern Tann,
Da rief's mich mit heller Stimme an:
»Knecht Ruprecht«, rief es, »alter Gesell,
Hebe die Beine und spute dich schnell!
Die Kerzen fangen zu brennen an,
Das Himmelstor ist aufgetan,
Alt' und Junge sollen nun
Von der Jagd des Lebens einmal ruhn;
Und morgen flieg ich hinab zur Erden,
Denn es soll wieder Weihnachten werden!«
Ich sprach: »O lieber Herre Christ,
Meine Reise fast zu Ende ist;
Ich soll nur noch in diese Stadt,
Wo's eitel gute Kinder hat.«
– »Hast denn das Säcklein auch bei dir?«
Ich sprach: »Das Säcklein, das ist hier:
Denn Äpfel, Nuß und Mandelkern
Fressen fromme Kinder gern.«

– »Hast denn die Rute auch bei dir?«
Ich sprach: »Die Rute, die ist hier;
Doch für die Kinder nur, die schlechten,
Die trifft sie auf den Teil, den rechten.«
Christkindlein sprach: »So ist es recht;
So geh mit Gott, mein treuer Knecht!«
Von drauß' vom Walde komm ich her;
Ich muß euch sagen, es weihnachtet sehr!
Nun sprecht, wie ich's hier innen find!
Sind's gute Kind, sind's böse Kind?

Richard Dehmel
FURCHTBAR SCHLIMM

Vater, Vater, der Weihnachtsmann!
Eben hat er ganz laut geblasen,
viel lauter als der Postwagenmann.
Er ist gleich wieder weitergegangen,
und hat zwei furchtbar lange Nasen,
die waren ganz mit Eis behangen.
Und die eine war wie ein Schornstein,
die andre ganz klein wie'n Fliegenbein,
darauf ritten lauter, lauter Engelein,
die hielten eine großmächtige Leine;
und seine Stiefel waren wie Deine.
Und an der Leine, da ging ein Herr,
ja wirklich, Vater, wie'n alter Bär,
und die Engelein machten hottehott;
ich glaube, das war der liebe Gott.
Denn er brummte furchtbar mit dem Mund,
ganz furchtbar schlimm! ja wirklich! und –

»Aber Detta, du schwindelst ja;
das sind ja wieder lauter Lügen!«
Na, was schad't denn das, Papa?
Das macht mir doch soviel Vergnügen!

»So? – Na ja.«

Joachim Ringelnatz
SCHENKEN

Schenke groß oder klein,
Aber immer gediegen.
Wenn die Bedachten
Die Gaben wiegen,
Sei dein Gewissen rein.

Schenke herzlich und frei.
Schenke dabei,
Was in dir wohnt
An Meinung, Geschmack und Humor,
So daß die eigene Freude zuvor
Dich reichlich belohnt.

Schenke mit Geist ohne List.
Sei eingedenk,
Daß dein Geschenk
Du selber bist.

O. *Henry*

DAS GESCHENK DER WEISEN.

EINE WEIHNACHTSGESCHICHTE

Ihr ganzes Vermögen war ein Dollar 87 Cent, davon 60 Cent in Pennystücken. Alles mühsam zusammengekratzt und gespart. Und morgen war Weihnachten. Nichts blieb übrig, als sich auf die kleine, schäbige Couch zu werfen und zu heulen. Das tat Della denn auch, und es beweist uns, daß sich das Leben eigentlich aus Schluchzen, Seufzen und Lächeln zusammensetzt, wobei das Seufzen unbedingt vorherrscht. Inzwischen betrachten wir das Heim etwas näher. Es ist eine kleine möblierte Wohnung zu acht Dollar in der Woche. Sie sieht nicht gerade armselig aus, ist davon aber auch nicht allzu weit entfernt. Unten im Hausflur hängt ein Briefkasten, in den niemals Briefe geworfen werden; daneben steckt der Knopf einer elektrischen Klingel, der kaum jemand je einen Ton abschmeichelt. Weiter befindet sich dort auch eine Karte, die den Namen »Mr. James Dillingham Young« trägt. Dieses »Dillingham« war während einer Zeit vorübergehenden Wohlstandes ins Leben gerufen worden, als sein Besitzer dreißig Dollar in der Woche verdiente. Jetzt, da das Einkommen auf zwanzig Dollar zusammengeschrumpft ist, muten die Buchstaben von »Dillingham« etwas verschwommen an, als ob sie ernstlich beabsichtigten, sich zu einem bescheidenen anspruchslosen »D«

zusammenzuziehen. Wenn aber Mr. J.D.Y. jeweils seine Etage erreichte, so wurde er »Jim« gerufen und von Frau J.D.Y., uns bereits als Della bekannt, zärtlich umarmt, womit das Buchstabenproblem unwichtig wurde. Somit ist alles in bester Ordnung.

Della hörte zu weinen auf und tröstete ihre Wangen mit der Puderquaste. Sie stand am Fenster und schaute bedrückt einer grauen Katze zu, die im grauen Hinterhof über einen grauen Zaun balancierte. Morgen war Weihnachten, und sie hatte nur das wenige Geld, um Jim ein Geschenk zu kaufen.

Im Zimmer hing zwischen den Fenstern ein Spiegel. Wie hingewirbelt stand Della plötzlich mit hell leuchtenden Augen vor ihm. Rasch löste sie ihr Haar und ließ es in seiner ganzen Länge fallen. Im Besitze der J.D.Y.'s gab es zwei Dinge, in die sie ihren ganzen Stolz setzten. Das eine war Jims goldene Uhr, die vor ihm seinem Vater und seinem Großvater gehört hatte. Das andere war Dellas Haar. Hätte in der Wohnung jenseits des Hofes die Königin von Saba gewohnt, Della hätte ihr Haar zum Trocknen aus dem Fenster gehängt, einzig und allein, um die Juwelen und Schmuckstücke Ihrer Majestät wertlos erscheinen zu lassen. Und wäre König Salomon mit all seinen aufgestapelten Schätzen selbst Concierge des Hauses gewesen, Jim hätte jedesmal beim Vorbeigehen seine Uhr gezückt, um zu sehen, wie König Salomon sich vor Neid den Bart ausrupfte.

So fiel Dellas Haar wie ein goldner Wasserfall glänzend und sich kräuselnd an ihr herab. Es reichte ihr bis unter die Knie und formte beinahe einen Mantel. Mit nervösen Fingern steckte sie es rasch wieder auf. Einmal zögerte sie einen Augenblick. Zwei Tränen fielen auf den abgetretenen roten Teppich. Sie schlüpfte in die alte braune Jacke, setzte den alten braunen Hut auf und huschte, immer noch das glänzende Leuchten in den Augen, zur Tür hinaus, die Treppen hinunter und durch die Straße. Sie stand erst still, als sie bei einem Schild anlangte, auf dem zu lesen war: »Mme. Sofronie, An- und Verkauf von Haar aller Art.« In einem Satz rannte Della ein Stockwerk hinauf; keuchend hielt sie an und faßte sich. Madame, groß, massig, zu weiß gepudert, sehr kühl, sah kaum aus, als wäre sie »Sofronie«. »Kaufen Sie mein Haar?« fragte Della.

»Ich kaufe Haar«, sagte Madame. »Nehmen Sie den Hut ab und zeigen Sie, was Sie haben.«

Herunter rieselte der braune Wasserfall.

»20 Dollar«, mit geübter Hand wog Madame die Masse.

»Geben Sie es, rasch«, sagte Della.

Oh, und die zwei folgenden Stunden vergingen wie auf rosigen Schwingen. Vergessen war die zermürbende Vorstellung der fehlenden Haare. Sie durchstöberte die Läden auf der Suche nach Jims Geschenk.

Endlich fand sie es. Sicher war es für Jim und niemand anders gemacht. Nichts kam ihm gleich in keinem der Läden. Es war eine Platinuhrkette, einfach und geschmackvoll in Form und Zeichnung. Sie war es sogar wert, die Uhr zu ketten. Sobald Della die Kette sah, wußte sie, daß sie Jim gehören mußte. Sie war wie er. Einundzwanzig Dollar nahmen sie ihr dafür ab, und mit den 87 Cent eilte sie heim. Mit dieser Kette an seiner Uhr durfte Jim in jeder Gesellschaft so eifrig wie er wollte nach der Zeit sehen. So schön die Uhr war, schaute er nämlich manchmal scheu darauf, weil das alte Lederband, das er an Stelle einer Kette benützte, so schäbig war.

Als Della zu Hause ankam, ließ ihr Taumel nach, und sie wurde etwas vernünftig. Sie holte ihre Brennschere heraus, zündete das Gas an und machte sich daran, die Verheerung, die Großmütigkeit zusammen mit Liebe angerichtet hatte, wiedergutzumachen, was immer eine Riesenarbeit ist, liebe Freunde – eine Mammutaufgabe.

Nach vierzig Minuten war ihr Kopf mit kleinen, nahe beisammenliegenden Löckchen bedeckt, die ihr ganz das Aussehen eines Lausbuben gaben. Lange schaute sie ihr Bild an, das der Spiegel zurückwarf, kritisch und sorgfältig.

»Wenn Jim mich nicht tötet«, sagte sie zu sich selbst, »bevor er mich ein zweitesmal anschaut, so wird er sagen, ich sehe aus wie ein Chormädchen von Coney Island. Aber was konnte ich tun – oh, was konnte ich tun mit einem Dollar und 87 Cents?« Um sieben Uhr war der Kaffee gemacht, und die heiße Bratpfanne stand hinten auf dem Ofen, bereit, die Kotelettes aufzunehmen, die darin angebraten werden sollten.

Jim kam nie spät. Della nahm die Kette in die Hand und setzte sich auf den Tisch bei der Türe, durch die er immer hereinkam. Dann hörte sie entfernt seinen Schritt im ersten Stockwerk, und für einen Augenblick wurde sie ganz weiß. Sie hatte die Gewohnheit, im stillen kleine Gebete für die einfachsten Alltagsdinge zu sagen, und flüsterte vor sich hin: »Lieber Gott, mach, daß er denkt, ich sei immer noch hübsch.«

Die Tür öffnete sich. Jim kam herein und schloß sie. Er war mager und hatte ein sehr ernstes Aussehen. Armer Kerl, erst zweiundzwanzig und schon mit einer Familie beladen. Er hätte dringend einen neuen Mantel gebraucht und hatte keine Handschuhe.

Jim stand bei der Türe still, so unbeweglich wie ein Jagdhund, der eine Fährte wittert. Seine Augen waren auf Della gerichtet und hatten einen Ausdruck, den sie nicht deuten konnte und der sie erschreckte. Es war nicht Ärger.

Della sprang vom Tisch herunter und lief auf ihn zu.

»Jim, Liebster«, rief sie weinend, »schau mich nicht so an. Ich ließ mein Haar abschneiden und verkaufte es, weil ich es nicht ausgehalten hätte, ohne dir ein Geschenk zu Weihnachten zu geben. Es wird wieder nachwachsen. Du bist nicht böse, nicht wahr? Ich mußte es einfach tun. Mein Haar wächst unheimlich schnell. Sag ›Fröhliche Weihnachten!‹ Jim, und laß uns glücklich sein. Du weißt ja gar nicht, welch schönes – wunderbar schönes Geschenk ich für dich habe.«

»Dein Haar hast du abgeschnitten?« fragte Jim mühsam, als hätte er selbst mit der strengsten geistigen Arbeit diese offensichtliche Tatsache noch nicht erfaßt. »Abgeschnitten und verkauft«, sagte Della. »Verkauft ist es, sag' ich Dir, verkauft und fort. Heute ist doch Heiliger Abend, du. Sei lieb, es ist doch für dich. Sei lieb, ich gab es für dich weg. Es kann ja sein, daß die Haare auf meinem Kopf gezählt waren«, fuhr sie mit plötzlicher, ernsthafter Verliebtheit weiter, »aber niemand könnte je meine Liebe zu dir zählen. Soll ich jetzt die Kotelettes auflegen, Jim?«

Nun schien Jim rasch aus seinem Trancezustand zu erwachen. Er nahm Della in seine Arme. Für zehn Sekunden wollen wir mit diskreter Genauigkeit irgendeinen belanglosen Gegenstand in entgegengesetzter Richtung eingehend betrachten. Acht Dollar in der Woche oder eine Million im Jahr – was ist der Unterschied? Ein Witzbold und ein Mathematiker würden uns beide eine falsche Antwort geben. Indessen zog Jim sein Päcklein aus seiner Manteltasche und warf es auf den Tisch. »Du mußt dir nichts Falsches vorstellen über mich, Della«, sagte er. »Ich glaube, da gäbe es kein Haarschneiden, Dauerwellen oder Waschen in der Welt, das mich dazu brächte, mein Frauchen weniger zu lieben. Aber wenn du das Paket da auspackst, wirst du sehen, warum ich mich zuerst eine Weile nicht erholen konnte.« Weiße Finger zogen an der Schnur, rissen am Papier. Ein begeisterter Freudenschrei. Und dann – o weh – ein rascher, echt weiblicher Wechsel zu strömenden Tränen und lauten Klagen erforderte die Anwendung sämtlicher tröstenden Kräfte und Einfälle des Herrn des Hauses. Denn da lagen sie, die Kämme – die Garnitur von Kämmen, seitlich und rückwärts einzustecken, die Della so lange im Schaufenster einer Hauptstraße bewundert hatte. Fabelhafte Kämme, echtes Schildpatt, mit echten Steinen besetzt – gerade in den Farbtönen, die in dem wundervoll verschwundenen Haar so schön gespielt hätten. Es waren teure Kämme. Sie wußte es. Mit ganzem Herzen hatte sie diese Wunder begehrt. Und jetzt gehörten sie ihr, aber die Zöpfe, die mit diesen begehrenswerten Schmuckstükken hätten geziert werden sollen, waren fort.

Trotzdem drückte sie sie an ihr Herz, und endlich konnte sie auch mit verschleierten Augen aufsehen und lächelnd sagen: »Mein Haar wächst ja so schnell, Jim!«

Und dann sprang Della auf wie eine kleine Katze, die sich gebrannt hatte, indem sie immerzu »Oh, oh« rief. Jim hatte ja sein wunderschönes Geschenk noch nicht gesehen. Sie hielt es ihm auf der offenen Hand eifrig entgegen. Das wertvolle, mattglänzende Metall schien ihre heitere und feurige Seele widerzuspiegeln. »Ist es nicht großartig – das einzig Wahre? Ich habe danach gejagt, bis ich es fand. Du wirst jetzt jeden Tag hundertmal sehen müssen, wieviel Uhr es ist. Gib mir deine Uhr, ich muß sehen, wie die Kette daran aussieht.«

Anstatt zu gehorchen, machte es sich Jim auf der Couch bequem, legte die Hände hinter den Kopf und lächelte. »Dell«, sagte er, »wir wollen unsere Weihnachtsgeschenke noch für einige Zeit aufbewahren, sie sind zu schön, als daß wir sie jetzt gebrauchen könnten. Denke, ich habe die Uhr verkauft, um das Geld für deine Kämme zu erhalten. Und jetzt, glaub' ich, ist es das beste, du stellst die Kotelettes auf.«

Stille Nacht

GESCHICHTEN VOM
WEIHNACHTSABEND

★

Selma Lagerlöf
DIE MAUSEFALLE

Im Lande lebte ein Mann, der herumzog und kleine
Mausefallen aus Stahldraht verkaufte. Er verfertigte sie
selbst in seinen Mußestunden. Das Material erbettelte
er sich in Kramläden oder in größeren Bauernhöfen, so
daß die Herstellungskosten so gering wie möglich waren. Aber das Geschäft war wohl nicht besonders ein-
träglich, und er mußte es bisweilen mit Betteln und Stibitzen probieren, um nur sein Leben zu fristen. Der
Hunger leuchtete ihm aus den Augen.

Als er eines dunklen Abends unterwegs war, erblickte er eine kleine graue Hütte, die dicht am Wegesrand
lag, und klopfte an, um Nachtherberge zu erbitten. Die
wurde ihm auch nicht verweigert. Ja, anstatt der sauren
Mienen, die ihn sonst zu begrüßen pflegten, wenn er in
eine Stube kam, schien der Eigentümer, der ein freund-
licher alter Mann ohne Weib und Kind war, sehr erfreut,
daß jemand ihm in seiner Einsamkeit Gesellschaft lei-
sten wollte. Vor allem aber stellte er den Breitopf auf
das Feuer und bot ihm ein Abendbrot. Dann schnitt
er von einer Tabaksrolle so viel herunter, daß es zum
Stopfen der Pfeife des Fremden und seiner eigenen langte, und schließlich nahm er ein altes Kartenspiel hervor
und spielte mit dem Gast bis zur Schlafenszeit Sechsund-
sechzig.

So freigebig er mit Grütze und Tabak gewesen war, war er auch seinem Vertrauen. Noch bevor das Wasser im Kessel aufkochte, hatte der Gast schon erfahren, was für ein Mann er war und wie es ihm erging. In den Tagen seiner Kraft war er Tagelöhner auf dem Gute Ramsjö gewesen. Jetzt, wo er nicht mehr arbeiten konnte, war es seine Kuh, die ihn ernährte und maßlos viel Milch gab. Vorigen Monat hatte er ganze dreißig Kronen dafür eingeheimst. Der Alte ging zum Fenster und nahm einen Lederbeutel herunter, der an einem Nagel am Fensterkreuz hing. Er kramte drei zerknitterte Zehnkronenscheine heraus, hielt sie dem Gast vor die Augen, nickte bedeutsam und steckte sie wieder in den Beutel.

Am nächsten Tage standen die beiden Männer früh auf. Sie verließen gleichzeitig das Häuschen. Der Kätner sperrte die Tür zu und steckte den Schlüssel in die Tasche. Der Mann mit der Mausefalle sagte »dank schön« und »behüt Gott«, und damit wanderte jeder nach einer anderen Seite von dannen.

Aber als eine halbe Stunde vergangen war, stand der zerlumpte Hausierer wieder vor dem Häuschen. Er versuchte nicht hineinzukommen. Er ging nur zum Fenster, zerklopfte eine der Scheiben, steckte die Hand hinein und erfaßte den Beutel mit dem Geld. Dann nahm er die drei Zehner heraus und steckte sie zu sich. Hierauf hängte er den Lederbeutel fein säuberlich an seinen Platz zurück und verschwand in den Wald.

Als der Mausefallenhändler mit dem Geld in der Tasche weiterwanderte, fühlte er nicht die gewohnte Genugtuung über einen gelungenen Streich. »Das ist doch ein Hundeleben«, seufzte er, »pfui Teufel, stehlen müssen, um nur am Leben zu bleiben. Es macht eigentlich nichts aus, den Bauern und den Herrschaften etwas zu stibitzen, aber wenn's über einen hergeht, der beinahe ein ebenso armer Schlucker ist wie unsereins selbst, da kriegt man einen ganz bitteren Geschmack im Mund.«

Das Unbehagen, das er empfand, wurde noch durch den Gedanken verstärkt, daß er jetzt eine Zeitlang die große Heerstraße vermeiden und sich auf einsamen Seitenwegen durch die Wälder schleichen mußte, bis er in einen anderen Teil des Landes kam. Er ging und ging den ganzen Tag, ohne daß der Wald sich lichtete. So lange er konnte, hielt der Mann sich aufrecht. Schließlich sank er auf den Waldboden nieder, ganz aufgelöst von Müdigkeit. Aber im selben Augenblick, in dem er seinen Kopf auf die Erde bettete, hörte er ein Geräusch. »Das ist ein Eisenhammer«, sagte er. »Hier müssen Leute in der Nähe sein.« Mit dem Aufgebot seiner letzten Kräfte erhob er sich und begann, dem Laut nachzuwanken.

In einer der langen dunklen Nächte gerade vor Weihnachten saßen der Schmiedemeister und sein Gehilfe in der schwarzen Schmelzschmiede des Eisenwerks Ramsjö und warteten darauf, daß das Eisen, das in der Esse erhitzt wurde, weiß glühend genug war, um auf den Amboß gelegt zu werden. Von Zeit zu Zeit stand einer von ihnen auf, um Kohlen in den Ofenrachen zu schaufeln oder um mit einem langen Eisenspieß in die glühende Masse zu stoßen, und kam dann nach einigen Augen-

blicken schweißbedeckt zurück, obwohl er nach herge-
brachtem Brauch nichts anderes anhatte, als ein langes
Hemd und ein Paar Holzpantinen.

Die ganze Zeit war die Schmiede von Geräuschen er-
füllt. So war es nicht zu verwundern, daß die Männer
erst merkten, daß ein Wanderer die Türe geöffnet hatte
und in die Schmiede gekommen war, als er dicht vor ihnen stand. Sicherlich war es für sie nichts Ungewohntes.
Sie warfen dem Neuangekommenen nur einen gleichgültigen Blick zu, auch wandten sie weiter kein Mit-
leid an ihn. Der Mausefallenhändler verhielt sich still.
Worauf es ihm ankam, war ja: in der Schmiede zu bleiben und sich zu wärmen.

Nun geschah es, daß der Besitzer des Eisenwerks gerade jetzt in die Schmiede kam. Das erste, was er sah,
war natürlich der hochgewachsene Landstreicher, der
sich so nahe dem Ofen niedergehockt hatte, daß der
Dampf von seinen durchnäßten Lumpen aufstieg. Und
er warf ihm nicht nur einen gleichgültigen Blick zu, wie
die Schmiede, sondern ging dicht an ihn heran und betrachtete ihn prüfend. Und plötzlich riß er ihm den
Schlapphut vom Kopfe, um ihm besser in die Augen sehen zu können. »Aber das bist du ja selbst, Niels Olof«,
rief er. »Wie du aussiehst!«

Der mit den Mausefallen hatte den Gutsherrn von
Ramsjö nie im Leben gesehen und wußte nicht einmal,
wie er hieß. Aber er sagte sich sofort, daß, wenn dieser
feine Herr ihn für einen alten Bekannten hielt, er ihm
vielleicht ein paar Kronen schenken würde, und dar-

um wollte er ihn nicht gleich wieder aus seinem Irrtum reißen. »Ja, mit mir ist's bergab gegangen, weiß Gott«, sagte er.

»Du hättest eben nie deinen Abschied vom Regiment nehmen sollen«, sagte der Gutsherr. »Das war der ganze Fehler. Aber jetzt kommst du natürlich mit zu mir nach Hause?«

Aber mit in den Herrenhof zu kommen und dort als alter Regimentskamerad des Besitzers empfangen zu werden, das war nicht so recht nach dem Geschmack des Mausefallenhändlers. »Aber nein, aber nein«, sagte er und sah gewaltig erschrocken drein. »Das keinesfalls – «

Als der andere sah, daß er sich so zierte, begann er hellauf zu lachen. »Du darfst nicht glauben, daß es bei mir daheim so hochherrlich zugeht, daß du dich da nicht zeigen kannst«, sagte er. »Elisabeth ist tot, das hast du vielleicht gehört, die Jungens sind im Ausland, und so hausen nur ich und meine älteste Tochter auf dem Herrenhof. Wir haben uns gerade darüber beklagt, daß wir in den Feiertagen so ganz allein sein werden. Komm jetzt, dann wird wenigstens den Weihnachtsspeisen mehr Ehre angetan werden!«

Aber der Fremde blieb bei seinem nein, nein, nein, und als der Gutsherr in ihn drang, schien er drauf und dran, die Flucht ergreifen zu wollen. Da sah der Gutsherr, daß da nichts zu machen war: »Mir scheint, Rittmeister von Stahle will heute nacht lieber bei dir bleiben, Stjarnström, als zu mir kommen«, sagte er zum Schmiedemeister, »da mußt du ihm schon Nachtlogis geben.« Damit ging er, leise lachend, seiner Wege, und die Schmiede, die ihn gut kannten, wußten wohl, daß er noch nicht sein letztes Wort gesprochen hatte.

Es dauerte auch nicht mehr als eine halbe Stunde, als sie das Rollen von Wagenrädern hörten und ein neuer Gast zur Türe hereinkam. Der Hüttenherr hatte seine Tochter geschickt, offenbar in der Erwartung, daß ihre Überredungskunst größer sein würde. Sie kam herein, von einem Bedienten gefolgt, der einen großen Herrenpelz trug. Sie war durchaus nicht schön zu nennen, sie sah unansehnlich und scheu aus, und ihr Blick war ernst und schwermütig. Der Fremde hatte sich auf dem Boden ausgestreckt, einen Eisenklumpen unter dem Kopf, den Hut über dem Gesicht. Sowie die Gutsbesitzerstochter ihn erblickt hatte, ging sie auf ihn zu und hob den Hut. Der Mann war wohl einer von jenen, die es gewohnt sind, nur mit einem Auge zu schlafen. Er war augenblicklich wach und stand sofort vor ihr.

»Ich heiße Edda Willmanson«, sagte das junge Mädchen. »Mein Vater sagte, daß der Herr Rittmeister heute nacht hier in der Schmiede schlafen will. Da bat ich ihn, herfahren und den Herrn Rittmeister mit zu uns nach Hause bringen zu dürfen. Es tut mir so leid, daß der Herr Rittmeister es so schwer hat. Mein Vater sagte, daß der Herr Rittmeister das Regiment wegen Gewissensskrupel verlassen hat.« Sie heftete ihren tiefen Blick mit mitleidiger Bewunderung auf ihn. Und der zerlumpte Kerl dachte bei sich selbst, daß, wenn die feinen Herrschaften sich soviel Mühe machten, damit er zu ihnen käme, es wohl undankbar von ihm wäre, sich weiter zu spreizen. Es konnte ja ganz schön sein, einmal im Leben in einem Herrschaftsbett zu schlafen.

»Das hätte ich mir aber doch nie gedacht, daß das gnädige Fräulein selbst sich die Mühe machen wird, meiner wegen bei der Nacht in die Schmiede zu kommen«, sagte er, »ja, dann geh' ich halt doch mit.« Damit nahm er den Pelz, den ihm der Bediente mit einer tiefen Verbeugung reichte, warf ihn über seine Lumpen, und ohne den erstaunten Männern in der Schmiede auch nur einen Blick zu gönnen, ging er an der Seite des jungen Mädchens zum Wagen hinaus.

Der nächste Tag war der heilige Abend. Als Hüttenherr Willmanson zum Frühstück in den Speisesaal kam, dachte er mit erwartungsvoller Freude an den alten Regimentskameraden, der ihm so recht gelegen und passend in den Weg gekommen war.

»Jetzt soll er sich zuerst ordentlich bei uns anessen«, sagte er zu seiner Tochter, die irgend etwas auf dem Speisetisch ordnete, »dann will ich schon dafür sorgen, daß er eine bessere Beschäftigung findet, als im Lande herumzuziehen und Mausefallen zu verkaufen.«

»Es ist doch merkwürdig, wie rasch es mit ihm bergab gegangen ist«, sagte die Tochter. »Gestern erinnerte aber auch gar nichts an ihm daran, daß er ein gebildeter Mann ist.«

»Warte nur, mein Kind«, sagte der Vater. »Wenn er nur erst ordentlich herausgeputzt ist, wirst du schon anders sprechen. Gestern war er befangen, verstehst du? Die Vagabundenmanieren fallen mit den Vagabundenkleidern.«

Gerade als der Hausherr dies sagte, ging die Türe auf, und der ehemalige Mausefallenhändler kam herein. Ja, das war sicher. Herausgeputzt war er. Der Bediente hatte ihm die Haare geschnitten, ihn rasiert und gebadet, er war so rein, daß er förmlich blinkte. Außerdem trug er ganze Schuhe und Strümpfe, ein weißes Hemd mit einem gestärkten Kragen und einen hübschen Sakkoanzug, den der Gutsherr von Ramsjö ihm geliehen hatte. Aber obgleich er so fein herausstaffiert war, schien der Hausherr nicht recht zufrieden. Er betrachtete seinen Gast mit zusammengezogenen Augenbrauen; denn man muß bedenken, als er den fremden Mann in dem flackernden Feuerschein der Schmiede erblickte, hatte er ihn freilich leicht verwechseln können, aber nun, da er ihn rein gewaschen und rasiert bei vollem Tageslicht vor sich sah, gab es keine Möglichkeit mehr, ihn für einen alten Bekannten zu halten. »Was soll das heißen?« brüllte er ihn an. Der andere machte keinen Versuch, sich zu verstellen. Er begriff, daß die Herrlichkeit jetzt ein Ende hatte. »Ja, gnädiger Herr, da kann ich nix dafür«, sagte er: »Ich hab' mich nie für was anderes ausgegeben, als für einen armen Kesselflicker, und ich hab' gebeten und gebettelt, daß man mich in der Schmiede lassen soll. Und es ist ja weiter kein Unglück passiert, ich zieh' halt meine alten Lumpen wieder an und mach' mich auf den Weg.«

»Nun ja«, sagte der Hüttenherr etwas gedehnt, »aber

ein ehrliches Vorgehen war das doch nicht, das mußt du doch einsehen. Und vielleicht hätte der Dorfrichter auch noch ein Wörtchen in die Sache dreinzureden.«

Der Landstreicher kam nun einige Schritte näher heran und schlug mit der Faust auf eine Stuhllehne.

»Ich werde dem gnädigen Herrn einmal sagen, wie die Geschichte ist«, sagte er. »Die ganze Welt ist nix anderes als eine große Mausefalle. All das Gute, was man einem gibt, das sind nur so Speckschwarten und Käsebrocken, hingelegt, um einen armen Teufel ins Verderben zu bringen. Und wenn jetzt der Dorfrichter kommen und mich auch noch ins Loch sperren soll, dann soll der gnädige Herr lieber dran denken: es kann ein Tag kommen, wo er selber Lust auf so ein schönes Speckstückel kriegt und sich in der großen Mausefalle fängt.«

Der Gutsherr lachte. »Weißt du was, du Schlingel? Das war gar nicht so übel gesagt. Wir wollen den Dorfrichter am Weihnachtsabend vielleicht lieber in Ruhe lassen. Aber schau jetzt, daß du weiterkommst!«

Doch jetzt ergriff die junge Gutsbesitzertochter das Wort: »Ich finde, er sollte heute bei uns bleiben«, sagte sie. »Ich will nicht, daß er geht.« Und damit trat sie vor und stellte sich dem Landstreicher in den Weg. »Was um Himmels willen fällt dir ein?« fragte der Vater.

»Ich denke an diesen Wandersmann«, sagte das junge Mädchen. »Er geht und geht das ganze liebe Jahr, und sicher gibt es auf der ganzen Erde kein Fleckchen, das er sein nennen, keinen Ort, an dem er willkommen ist und in Frieden ruhen kann. Gehetzt und vertrieben wird er wohl überall, wo er hinkommt. Immer hat er Angst, eingefangen und seiner Freiheit beraubt zu werden. Ich wünschte, er fände doch hier bei uns einen Tag des Friedens. Einen einzigen im ganzen Jahr.«

Gutsbesitzer Willmanson murmelte etwas in seinen Bart. Er konnte sich nicht recht aufraffen, der Tochter entgegenzutreten.

»Es mag ja sein, daß das Ganze ein Irrtum war«, sagte das junge Mädchen, »aber jedenfalls finde ich, wir können den nicht fortweisen, den wir zu uns gebeten und dem wir eine Weihnachtsfreude versprochen haben.«

»Du predigst ja ärger als ein Pfaff«, sagte der Gutsherr. »Nun ja, ich will nur hoffen, daß du das, was du tust, nicht zu bereuen hast.«

Da nahm die Gutsbesitzertochter den fremden Mann bei der Hand und führte ihn zum Eßtisch. »Setz dich nun nieder und iß mit uns«, sagte sie; denn sie merkte ja, daß der Widerstand des Vaters gebrochen war. Der Mausefallenhändler hatte die ganze Zeit über kein Wort gesagt, und auch jetzt verhielt er sich still. Aber er sah das junge Mädchen, das sich so für ihn eingesetzt hatte, nur immer an. Was sie für ihn getan, war etwas so Wunderbares, daß es ihn ganz verstummen ließ.

Dann verging dieser Weihnachtsabend auf Ramsjö ungefähr ebenso wie alle anderen Weihnachtsabende. Man hatte nicht viel Mühe mit dem fremden Gast; denn er tat eigentlich nichts anderes als schlafen. Den ganzen Vormittag lag er auf dem Sofa des Fremdenzimmers und schlief in einer Tour. Um die Mittagszeit wurde er geweckt, damit er von all den Weihnachtsspeisen mitessen konnte, aber dann schlief er weiter. Es war, als hätte er seit Jahr und Tag keinen guten und erquickenden Schlummer gefunden.

Am Nachmittag, als der Christbaum angezündet wurde, weckte man ihn abermals, und da stand er nun ein Weilchen und sah blinzelnd in die Weihnachtskerzen, und als die Weihnachtspolka gespielt wurde, tanzte er eine Runde herum. Aber die Augen fielen ihm dabei zu, und er verschwand wiederum. Einige Stunden später wurde er noch einmal gestört. Er sollte in den Speisesaal herunterkommen und Fisch und Grütze mit ihnen essen. Doch kaum war man vom Tisch aufgestanden, ging er von einem zum andern, gab die Hand und sagte danke und gute Nacht.

Als er zu dem jungen Mädchen kam, sagte sie ihm, ihr Vater wünsche, daß er die Kleider, die er anhatte, als Weihnachtsgeschenk betrachte. Er brauchte sie nicht zurückzugeben. Und wenn er am nächsten Weihnachtsabend in ein Haus kommen wollte, wo er sich in Frieden ausruhen und sicher sein konnte, daß ihm nichts Böses widerfuhr, so möge er zu ihnen kommen. Der Mann erwiderte nichts darauf. Er sah die Gutsbesitzertochter nur mit derselben unermeßlichen Verwunderung und Bestürzung an.

Am nächsten Morgen standen der Hüttenherr Willmanson und seine Tochter schon in aller Frühe auf, um zur Weihnachtsmette zu fahren. Ihr Gast schlief noch immer, und man ließ ihn schlafen. Als sie gegen zehn Uhr zurückkamen, ließ das junge Mädchen den Kopf noch tiefer hängen als gewöhnlich. Sie hatte in der Kirche gehört, daß einer der früheren Tagelöhner des Gutes von einem Kerl bestohlen worden war, der herumging und Mausefallen verkaufte. »Ja, das ist ja ein netter Geselle, den du da ins Haus gebracht hast«, sagte der Vater. »Ich möchte wissen, wieviele silberne Löffel jetzt noch in unserem Büfett liegen.« Kaum war der Wagen vor der Freitreppe stehengeblieben, als der Gutsherr sich beeilte, den Bedienten zu fragen, ob der Fremde noch im Hause sei.

Der Bediente erwiderte, der Mann sei schon fort; er habe aber ein kleines Päckchen zurückgelassen, das das gnädige Fräulein die Güte haben möge, einem alten Mann zu senden, der einmal Tagelöhner auf dem Gute gewesen war und jetzt auf der anderen Seite des Waldes an der großen Landstraße lebte. »Er bat, das gnädige Fräulein sollte das Päckchen zuerst öffnen.«

Das junge Mädchen riß den Umschlag auf und stieß einen kleinen Freudenschrei aus. Sie hatte eine kleine Mausefalle gefunden, in der drei zusammengerollte Zehnkronenscheine lagen. »Da siehst du, Papa«, sagte sie. »Er ist allerdings in die Falle geraten, aber diesmal ist es ihm doch gelungen, wieder herauszukrabbeln.«

Joseph Roth
WEIHNACHTEN IN COCHINCHINA

Es geschah an einem der wunderbaren Tage, die dem
Anbruch der Weihnachtsferien mit angehaltenem Atem
vorangingen und die ich damals den schulfreien Zeiten
ebenso vorzog, wie ich heute den Tag meiner Abfahrt
einer langen Reise vorziehe, daß der Herr Lehrer sagte:

»Jungens, wer fünf Pfennige hat, kommt heute nachmittag hierher in die Klasse, wir gehen ins Weltpanorama!«

Ich streckte zwei Finger in die Höhe und sagte: »Ich
habe keine fünf Pfennige!«

Einen Augenblick herrschte Schweigen, wie wenn der
Herr Direktor inspizieren gekommen wäre. Der Lehrer
hatte sich umgewandt, den Rücken kehrte er der Klasse
zu, das Angesicht der Tafel, als glaubte er, daß von ihr ein
Gedanke komme, daß auf ihrer matten, schwarzen Flä-
che ein unsichtbarer Engel mit weißer Kreide einen guten
Rat hinschreiben könnte. Wahrscheinlich geschah etwas
Ähnliches. Denn nach ungefähr einer Minute wandte der
Lehrer sein Gesicht wieder der Klasse zu und sagte zu
mir, der ich immer noch stand: »Setz dich vorderhand!«

In der Pause kam der Schuldiener in den Hof und
holte mich zum Herrn Direktor in die Kanzlei.

»Zeig deine schmutzigen Finger her!« schrie der Herr
Direktor.

Ich hielt beide Hände in die Luft, waagrecht vor mich hin.

Der Herr Direktor beugte sich ein wenig hinab, um sie zu betrachten. Er hatte aber nicht den goldgeränderten Zwicker angelegt, wie er es sonst zu tun pflegte, wenn er etwas ernstlich zu untersuchen entschlossen war. Ich wußte bereits, daß es sich um etwas ganz anderes handelte als um meine schmutzigen Finger.

»Du gehst heute mit ins Weltpanorama, ohne zu zahlen!« sagte der Herr Direktor. Vielleicht hätte er mir noch etwas mitzuteilen gehabt. Aber es läutete schon. Deshalb murmelte er nur: »Geh in die Klasse!«

Ich kratzte mit einem Fuß die Diele und ging.

Am Nachmittag um drei Uhr, die Dämmerung lauerte schon an den Fenstern, brachen wir auf zum Weltpanorama.

Es lag in einer stillen, kleinen Gasse und sah von außen einem gewöhnlichen Laden ähnlich. Über der Glastür hing eine rotweiße Fahne. Öffnete man die Tür, so erklang eine Glocke wie ein Gruß. Am Eingang saß eine Dame wie eine grauhaarige Königin und verkaufte Eintrittskarten. Drinnen war es dunkel, warm und sehr still. Sobald sich die Augen an die Dunkelheit gewöhnt hatten, erblickten sie einen Kasten, rund wie ein Karussell, hoch wie der halbe Raum, mit Gucklöchern in Manneshöhe die ganze Rundung entlang, in Abständen von etwa je zwanzig Zentimetern. Die Gucklöcher an dem Kasten leuchteten wie Katzenaugen in der Finsternis. Man ahnte, daß der Kasten innen hohl und beleuchtet war. Unten stahl sich aus seinem Innern ein schwacher, geheimnisvoller Schimmer und verschwamm auf dem Fußboden. Vor jedem Guckloch-Paar stand ein runder Klaviersessel.

»Setzen!« sagte der Herr Lehrer, es klang wie in der Klasse, aber in der Finsternis war es kein Befehl, sondern nur eine Art milder Einladung.

Wir rückten mit den Stühlen, ich saß, weil ich zu klein war, nicht ganz, sondern hatte den runden Sessel gleichsam halb gelüftet und preßte meine Nase gegen die Wand des Kastens, meine Augen gegen die Gucklöcher, die von Metall umrahmt waren.

Drinnen erschienen Bilder aus Cochinchina. Der Himmel war blau, unendlich, strahlend. Es war jene Art von sommerlichem Blau, das so aussieht, als hätte es in sich eine Menge Sonnengold verschluckt, verwischt, zerrieben und in noch mehr Blau verwandelt. Man hatte die Empfindung, daß dieser blaue Himmel strahlen müßte, auch wenn er keine Sonne zu tragen hätte. Aber zum Überfluß schien auch noch die Sonne. Nach dem zweiten Bild wußte ich nicht mehr, daß draußen Dezember war und Regen in gasförmigem Aggregatzustand in der Luft.

Die Sonne rann aus dem Kasten durch die Augen ins Herz und gleichzeitig in die Welt. Unbeweglich wie eine Art Naturtürme ragten riesenhohe Palmen und warfen einen kurzen, mittäglichen Schatten, der sich scharf und schwarz auf dem gelben Boden abzeichnete. Weiße Männer in Tropenhelmen standen da wie eingeklebt, mitten im Gehen aufgehalten, ein Fuß schwebte immer noch in der Luft – und man glaubte, er werde die Erde berühren, sobald das nächste Bild erschienen wäre. Man sah halbnackte Eingeborenenfrauen mit erregenden Brüsten, wie schöne, bronzene Kegel, die allzuschnell verschwanden, und mit blauen Lendenschurzen, die gewiß abgefallen wären, wenn man die Bilder hätte halten können. Man sah eine Schule im Freien. Eine vollkommen zugeknöpfte Lehrerin aus Europa unterrichtete völlig nackte Kinder. Alle hielten Schiefertafeln im Schoß und saßen auf ihren eigenen Füßen. Nur die Lehrerin saß erhöht auf einem umgelegten Baum, einem Elementarkatheder. Man sah Fischer und Badende, einen Radfahrer mit einem Girardihut und eine Dame mit einem wehenden Reiseschleier, der hinter ihr weiß und waagrecht durch die Luft schwamm, wie Rauch hinter dem Schornstein eines Dampfers. Sooft ein neues Bild erschien, räusperte sich etwas im Kasten, wie in alten Uhren, ehe sie schlagen. Dann erklang ein leiser, heller, lieblicher Gongschlag. Dann erfolgte eine leise Erschütterung, es bebte das Gefüge des runden Apparates, als ächzte er unter der Mühe, so viele fremde, ferne Welten heranzuholen. Immer tiefer wurde das Blau, strahlender das Weiß, goldener die Sonne, azuren wurde das Grün, aufregender die regungslosen Frauenleiber, anmutiger die nackten Kinder.

Nach einer halben Stunde wiederholte sich das erste Bild.

Da ertönte die Stimme des Lehrers wie Dezember: »Aufstehn!«

Ich trottete betäubt nach Hause. Es war, als wäre der Dezember ein Traum, der bald vorbei sein, und Cochinchina die Wirklichkeit, in die ich bald erwachen müßte. So blieb es eigentlich viele Jahre lang. In mir lag Cochinchina, wie in jenem Kasten.

Vor einem Jahr, um die Weihnachtszeit, kam ich in eine kleine Stadt. In einer schmalen, engen Gasse erblickte ich ein Schild: »Weltpanorama« stand darauf. »Cochinchina!« jubelte meine Erinnerung. Ich ging hinein – nicht mehr umsonst, es kostete fünfzig Pfennige für Erwachsene, zu denen ich merkwürdigerweise gezählt wurde. Es war fast leer. Der Kasten räusperte sich, der Gong schlug an, genau wie damals. Aber auf den Bildern war nicht mehr Cochinchina zu sehen. Man zeigte vielmehr die Schweiz. – Leider. – Mitten im Winter. – Schneegipfel. – Ein Hotel mit modernem Komfort, mit einer Lesehalle. –

Ich lehnte mich zurück. Zwei Stühle von mir entfernt saß ein Herr. Er sah, wie mir schien, leidenschaftlich interessiert durch die Gucklöcher. Welch ein langweiliger Kerl! dachte ich voller Gehässigkeit, mitten in der Weihnachtszeit.

Als ich aber wieder draußen stand, wurde ich sanft und gerecht. Vielleicht – so dachte ich – hat er in seiner Knabenzeit gerade die Schweiz sehen dürfen. – Umsonst. – Vor Weihnachten. – Und: schließlich hat jeder sein Cochinchina.

Wilhelm Raabe

DIE KLEINE TÄNZERIN
AUS DER SPERLINGSGASSE

Weihnachten! – Welch ein prächtiges Wort! – Immer
höher türmt sich der Schnee in den Straßen; immer länger werden die Eiszapfen an den Dachtraufen; immer
schwerer tauen am Morgen die gefrorenen Fensterscheiben auf! Ach in vielen armen Wohnungen tun sie
es gar nicht mehr. – Hinter den meisten Fenstern lugen
erwartungsvolle Kindergesichter hervor; da und dort
liegt auf der weißen Decke des Pflasters ein verlorner
Tannenzweig. Es wird viel Goldschaum verkauft, und
bedeckte Platten von Eisenblech, die vorbeigetragen
werden, verbreiten einen wundervollen Duft.

»Was ist ein echter Hamburger Seelöwe?« fragte
Strobel, der bei mir eintrat und beim Abnehmen des
Hutes ein Miniaturschneegestöber hervorbrachte. »Ein
Hamburger Seelöwe?« fragte ich verwundert. »Doch
nicht etwa ein Mitglied des Rats der Oberalten?«

»Beinahe!« lachte der Zeichner. »Ein Hamburger
Seelöwe ist eine Hasenpfote, auf welche oben ein men-
schenähnliches Gesicht geleimt ist. Ein solches Individu-
um versteht an einem Tischrande gar anmutige Beweg-
ungen zu machen. Sehen Sie hier!«

Dabei zog er den Gegenstand unsres Gesprächs hervor, hing ihn an meinen Schreibtisch und brachte ihn

durch einen Stoß wie eine Art Pendel in Bewegung. »Ist das nicht eine wundervolle Erfindung?«

»Prächtig«, sagte ich, »in meiner Jugend brachte man aber denselben Effekt durch den abgenagten Brustknochen eines Gänsebratens, in welchen man eine Gabel steckte, hervor; aber die Kultur muß ja fortschreiten.«

»Ja, die Kultur schreitet fort!« seufzte der Zeichner. »Sogar die einfachen Tannen machen allmählich diesen Pyramiden von bunten Papierschnitzeln Platz. Papier, Papier überall! Aber was ich sagen wollte: Wäre es nicht eigentlich die Pflicht zweier Mitarbeiter der ›Welken Blätter‹, jetzt auf die Weihnachtswanderung zu gehen?«

»Auch ich wollte Sie eben dazu auffordern«, sagte ich.

»Vorwärts!« rief Strobel und stülpte seinen Filz wieder auf, während ich meinen Mantel und roten, baumwollenen Regenschirm hervorsuchte.

Wir gingen. Den Hamburger Seelöwen ließen wir ruhig am Tische fortbaumeln, nachdem ihm Strobel noch einen letzten Stoß gegeben hatte. Zur Weihnachtszeit habe ich gern ein solches Spielzeug in der Nähe; erfreute sich doch auch der alt und grau gewordene Jean Paul zu solcher Zeit gern an dem Farbenduft einer hölzernen Kindertrompete.

Welch ein Gang war das, den ich mit dem tollen Karikaturenzeichner in der Dämmerung des Abends machte! In wieviel Keller- und andere Fenster mußte der Mensch gucken; in wieviel kleine frostgerötete Hände, die sich an den Ecken und aus den Torwegen uns entgegenstreckten, ließ er seine Viergroschenstücke gleiten! Welch ein Gang war das! Die Geister, die den alten Scrooge des Meisters Boz über die Weihnachtswelt führten, hätten mich nicht besser leiten können, als Herr Ulrich Strobel. Jetzt betrachteten wir die phantastische Ausstellung eines Ladens, jetzt die staunenden, verlangenden Gesichter davor; jetzt entdeckte Strobel eine neue Idee in der Anfertigung eines Spielzeugs, jetzt ich; es war wundervoll!

An der Ecke des Weihnachtsmarktes blieben wir stehen, in das fröhliche Getümmel, welches sich dort umhertrieb, hineinblickend. In ununterbrochenem Zuge strömte das Volk an uns vorbei: Väter, auf jedem Arme und an jedem Rockschoß ein Kind; Handwerksgesellen mit dem Schatz, den sie aus der Küche der »Gnädigen« weggestohlen hatten; ehrliche, unbeschreiblich gutmütig und dumm lächelnde Infanteristen, feine, schmucke Gardeschützen, schwere Dragoner und »klobige« Artillerie. – Hier und da wanden sich junge Mädchen zierlich durch das Getümmel; jedes Alter, jeder Stand war vertreten, ja sogar die vornehmste Welt überschritt einmal ihre närrischen Grenzen und zeigte ihren Kindern die – Freude des Volkes.

Der Zeichner war auf einmal sehr ernst geworden. »Sehen Sie«, sagte er, »da strömt die Quelle, aus welcher die Kinderwelt ihr erstes Christentum schöpft. Nicht dadurch, daß man ihnen von Gott und so weiter Unverständliches vorräsoniert, sie Bibel- und Gesangbuchverse auswendig lernen läßt; nicht dadurch, daß man sie – womöglich in den Windeln – in die Kirchen schleppt, legt man den Keim der wunderbaren Religion in ihre Herzen. An das Gewühl vor den Buden, an den grünen funkelnden Tannenbaum knüpft das junge Gemüt seine ersten, wahren – und was mehr sagen will, wahrhaft kindlichen Begriffe davon!«

Ich wollte eben darauf etwas erwidern, als plötzlich eine Gestalt, in einen dunkeln Mantel gehüllt, ein Kind auf dem Arme tragend, an uns vorbeischlüpfen wollte. Ein Strahl der nächsten Gaslaterne fiel auf ihr Gesicht, es war die kleine Tänzerin aus der Sperlingsgasse. Ich freute mich über die Begegnung und rief sie an:

»Das ist prächtig, Fräulein Rosalie, daß wir Sie treffen. Vielleicht werden Sie uns erlauben, daß wir Sie begleiten; denn um die Mysterien eines Weihnachtsmarktes zu durchdringen, ist es jedenfalls nötig, ein Kind bei sich zu haben.«

Die Tänzerin knickste und sagte: »Oh, Sie sind zu gütig, meine Herren; Alfred hat mir den ganzen Tag keine Ruhe gelassen, und da kein Theater ist, so mußte ich ihm doch die Herrlichkeit zeigen.«

»Ja, Mann«, – sagte Alfred, unter einer dicken Pudelmütze gar verwegen hervorschauend – »mitgehen!«

Ich stellte der Tänzerin den Nachbar Zeichner vor, und das vierblättrige Kleeblatt war bald in der Stimmung, die ein Weihnachtsmarkt erfordert. Was für ein Talent, Kinder vor Entzücken außer sich zu bringen, entwickelte jetzt der Karikaturenzeichner! Er hatte der Mutter den dicken Bengel sogleich abgenommen, ließ ihn nun gar nicht aus dem Aufkreischen herauskommen und schleppte ihn hoch auf der Schulter durch das Gewühl voran. »O ich bin Ihnen so dankbar, so dankbar, Herr Wacholder«, flüsterte die kleine Tänzerin, zu deren Beschützer ich mich sehr gravitätisch aufwarf.

»Liebes Kind«, sagte ich, »ein paar solcher Junggesellen wie ich und mein Freund würden solche Abende wie diesen sehr übel zubringen, wenn nicht dann ausdrücklich eine Vorsehung über sie wachte. Sie sollen einmal sehen, wie prächtig wir heute abend noch Weihnachten feiern werden; – hören Sie nur, wie Alfred jubelt; sehen Sie, wie stolz und glücklich er unter der Pickelhaube vorguckt, die ihm eben der Herr Strobel übergestülpt hat!«

Der Karikaturzeichner hätte sich in diesem Augenblick sehr gut selbst abkonterfeien können – er tat es auch, aber später. Wundervoll sah er aus. Im Knopfloche baumelte ein gewaltiger Hampelmann, in der rechten Hand hatte er eine große Knarre, die er energisch schwenkte, während auf seinem linken Arm Alfred mit aller Macht auf eine Trommel paukte.

»Kleine Dame«, sagte der Zeichner jetzt zu unserer Begleiterin, »stecken Sie mir doch mal jene Tüte in die Rocktasche, ich komme nicht dazu! Heda, alter Wacholder«, schrie er dann mich an, »gleiche ich nicht aufs Haar einer Kammerverhandlung? Rechts Geknarre, links Getrommel, und für das Fassen und Einsacken der begehrten Süßigkeiten weder Kraft noch Platz!«

»Mama, *der* Onkel aber mal rechter Onkel!« rief der

Kleine entzückt von seiner Höhe herab, als Rosalie der Anforderung Strobels nachkam und ich ebenfalls die Taschen mit allerlei füllte.

So ging es weiter, bis uns endlich die Kälte zu heftig wurde. Der Zeichner löste sich auf – wie er's nannte – und überlieferte mir die spielzeugbehangene Linke, behielt jedoch die Knarre in der Rechten, und nun ging's durch die menschen- und lichterfüllten Straßen nach Hause. Wie glänzte heute abend die alte, dunkle Sperlingsgasse! Von den Kellern bis zum sechsten Stock, bis in die kleinste Dachstube war die Weihnachtszeit eingekehrt; freilich nicht allenthalben auf gleich »fröhliche, selige, gnadenbringende« Weise. Welch einen Abend feierten wir nun! Wir ließen unsere kleine Begleiterin natürlich nicht zu ihrem kaltgewordenen Stübchen hinaufsteigen. War ich nicht schon auf der Universität meines famosen Punschmachens wegen berühmt gewesen? (Eine Kunst, die mir mein Vater mit auf den Lebensweg gegeben hatte.) Der Karikaturenzeichner holte einen Tannenzweig, den er auf der Straße gefunden hatte, hervor und hielt ihn ins Licht.

»Das ist der wahre Weihnachtsduft«, sagte er, »und in Ermangelung eines Bessern muß man sich zu helfen wissen.«

Horch! Was trampelt auf einmal da draußen auf der Treppe? Ein leises Kichern erschallt auf dem Vorsaal und scheint noch eine Treppe höher steigen zu wollen. »Zu mir?« sagt Rosalie und springt verwundert nach der Tür.

»Ach, *da* ist sie?!« schallt es draußen, und auch ich stecke meinen Kopf heraus.

»Guten Abend, alter Herr! Guten Abend, Rosalie! Guten Abend, Röschen!« erschallt ein Chor heller lustiger Stimmen.

»Wo ist Alfred, wir bringen ihm einen Weihnachtsbaum!«

»Hurra, das ist's, was wir eben brauchen!« schreit der Zeichner, seine Knarre schwingend. »Schönen guten Abend, meine Damen, und fröhliche Weihnachten!«

Aus dunkeln Mänteln und Schals und Pelzkragen entwickelt sich jetzt ein halbes Dutzend kleiner Theaterfeen, die alle jubelnd und lachend meine Stube füllen und – auf einmal alle ein verschiedenes Musikinstrument hervorholen, welches sie auf dem Weihnachtsmarkt erstanden haben. Ein Heidenlärm bricht los; das knarrt und quiekt und plärrt und klappert, daß die Wände widerhallen und Rosalie, welche beschwörend von einer der kleinen Ratten zur andern läuft, zuletzt die Ohren zuhaltend in dem fernsten Winkel sich verkriecht.

Endlich legt sich der Skandal mit dem ausgehenden Atem und der ausgehenden Kraft des Karikaturenzeichners, der vor Wonne über das Pandämonium kaum noch seine Knarre schwingen kann.

Welch ein Punsch war das! Welche Gesundheiten wurden ausgebracht! Welche Geschichten wurden erzählt! Vom Souffleur Flüstervogel bis zum Ballettmeister Spolpato, ja bis zu Seiner Exzellenz dem Herrn Intendanten hinauf.

Heute abend malte Strobel keine Karikaturen, aber *sich* selbst machte er oft genug zu einer. Beim Versuch, sich auf einer mit dem Halse auf der Erde stehenden Flasche sitzend zu drehen, beim Zuckerreiben, beim Versuch, den glimmenden Docht eines ausgeputzten Wachslichtes wieder anzublasen, und bei anderen Kunststücken.

Alfred, der durch Unterlegung von Pufendorfs und Bayles schweinslederner Gelehrsamkeit und durch Auftürmung verschiedener dickbändiger Erziehungstheorien dazu gebracht war, neben seiner kleinen Mutter sitzend, über den Tisch blicken zu können, jubelte mit, bis ihm die Augen zufielen und er auf meinem Sofa ein- und weiterschlief bis elf Uhr, wo das Fest endete, die kleinen Gäste wieder in ihre Mäntel krochen, mich für einen »gottvollen alten Herrn« erklärten, Röschen küßten und nach einem vielstimmigen »gute Nacht« die Treppe hinabtrippelten. Darauf trug Strobel den schlafenden Alfred eine Treppe höher (wozu ich leuchtete) und – auch dieser Weihnachtsabend der Sperlingsgasse war vorbei.

E. T. A. Hoffmann

NUSSKNACKER UND MAUSEKÖNIG

Der Weihnachtsabend

Am vierundzwanzigsten Dezember durften die Kinder des Medizinalrats Stahlbaum den ganzen Tag über durchaus nicht in die Mittelstube hinein, viel weniger in das daranstoßende Prunkzimmer. In einem Winkel des Hinterstübchens zusammengekauert, saßen Fritz und Marie, die tiefe Abenddämmerung war eingebrochen und es wurde ihnen recht schaurig zumute, als man, wie es gewöhnlich an dem Tage geschah, kein Licht hereinbrachte. Fritz entdeckte ganz insgeheim wispernd der jüngern Schwester (sie war eben erst sieben Jahr alt worden), wie er schon seit frühmorgens es habe in den verschlossenen Stuben rauschen und rasseln, und leise pochen hören. Auch sei nicht längst ein kleiner dunkler Mann mit einem großen Kasten unter dem Arm über den Flur geschlichen, er wisse aber wohl, daß es niemand anders gewesen als Pate Droßelmeier. Da schlug Marie die kleinen Händchen vor Freude zusammen und rief: »Ach, was wird nur Pate Droßelmeier für uns Schönes gemacht haben.« Der Obergerichtsrat Droßelmeier war gar kein hübscher Mann, nur klein und mager, hatte viele Runzeln im Gesicht, statt des rechten Auges ein großes schwarzes Pflaster und auch gar keine

Haare, weshalb er eine sehr schöne weiße Perücke trug, die war aber von Glas und ein künstliches Stück Arbeit. Überhaupt war der Pate selbst auch ein sehr künstlicher Mann, der sich sogar auf Uhren verstand und selbst welche machen konnte. Wenn daher eine von den schönen Uhren in Stahlbaums Hause krank war und nicht singen konnte, dann kam Pate Droßelmeier, nahm die Glasperücke ab, zog sein gelbes Röckchen aus, band eine blaue Schürze um und stach mit spitzigen Instrumenten in die Uhr hinein, so daß es der kleinen Marie ordentlich wehe tat, aber es verursachte der Uhr gar keinen Schaden, sondern sie wurde vielmehr wieder lebendig und fing gleich an recht lustig zu schnurren, zu schlagen und zu singen, worüber denn alles große Freude hatte. Immer trug er, wenn er kam, was Hübsches für die Kinder in der Tasche, bald ein Männlein, das die Augen verdrehte und Komplimente machte, welches komisch anzusehen war, bald eine Dose, aus der ein Vögelchen heraushüpfte, bald was anderes. Aber zu Weihnachten, da hatte er immer ein schönes künstliches Werk verfertigt, das ihm viel Mühe gekostet, weshalb es auch, nachdem es einbeschert worden, sehr sorglich von den Eltern aufbewahrt wurde. – »Ach, was wird nur Pate Droßelmeier für uns Schönes gemacht haben«, rief nun Marie; Fritz meinte aber, es könne wohl diesmal nichts anders sein, als eine Festung, in der allerlei sehr hübsche Soldaten auf und ab marschierten und exerzierten und dann müßten andere Soldaten kommen, die in die Festung hineinwollten, aber nun schössen die Soldaten von innen tapfer heraus mit Kanonen, daß es tüchtig brauste und knallte. »Nein, nein«, unterbrach Marie den Fritz: »Pate Droßelmeier hat mir von einem schönen Garten erzählt, darin ist ein großer See, auf dem schwimmen sehr herrliche Schwäne mit goldnen Halsbändern herum und singen die hübschesten Lieder. Dann kommt ein kleines Mädchen aus dem Garten an den See und lockt die Schwäne heran, und füttert sie mit süßem Marzipan.« »Schwäne fressen keinen Marzipan«, fiel Fritz etwas rauh ein, »und einen ganzen Garten kann Pate Droßelmeier auch nicht machen. Eigentlich haben wir wenig von seinen Spielsachen; es wird uns ja alles gleich wieder weggenommen, da ist mir denn doch das viel lieber, was uns Papa und Mama einbescheren, wir behalten es fein und können damit machen, was wir wollen.« Nun rieten die Kinder hin und her, was es wohl diesmal wieder geben könne. Marie meinte, daß Mamsell Trutchen (ihre große Puppe) sich sehr verändere, denn ungeschickter als jemals fiele sie jeden Augenblick auf den Fußboden, welches ohne garstige Zeichen im Gesicht nicht abginge, und dann sei an Reinlichkeit in der Kleidung gar nicht mehr zu denken. Alles tüchtige Ausschelten helfe nichts. Auch habe Mama gelächelt, als sie sich über Gretchens kleinen Sonnenschirm so gefreut. Fritz versicherte dagegen, ein tüchtiger Fuchs fehle seinem Marstall durchaus so wie seinen Truppen gänzlich an Kavallerie, das sei dem Papa recht gut bekannt. – So wußten die Kinder wohl, daß die Eltern ihnen allerlei schöne Gaben eingekauft hatten, die sie nun aufstellten, es war ihnen aber auch gewiß, daß dabei der liebe Heilige Christ mit gar freundlichen frommen Kindesaugen hineinleuchte und daß wie von segensreicher Hand berührt, jede Weihnachtsgabe herrliche Lust bereite wie keine andere. Daran erinnerte die Kinder, die immerfort von den zu erwartenden Geschenken wisperten, ihre ältere Schwester Luise, hinzufügend, daß es nun aber auch der Heilige Christ sei, der durch die Hand der lieben Eltern den Kindern immer das beschere, was ihnen wahre Freude und Lust bereiten könne, das wisse er viel besser als die Kinder selbst, die müßten daher nicht allerlei wünschen und hoffen, sondern still und fromm erwarten, was ihnen beschert worden. Die kleine Marie wurde ganz nachdenklich, aber Fritz murmelte vor sich hin: »Einen Fuchs und Husaren hätt ich nun einmal gern.«

Es war ganz finster geworden. Fritz und Marie fest aneinandergerückt, wagten kein Wort mehr zu reden, es war ihnen als rausche es mit linden Flügeln um sie her und als ließe sich eine ganz ferne, aber sehr herrliche Musik vernehmen. Ein heller Schein streifte an der Wand hin, da wußten die Kinder, daß nun das Christkind auf glänzenden Wolken fortgeflogen zu andern glücklichen Kindern. In dem Augenblick ging es mit silberhellem Ton: Klingling, klingling, die Türen sprangen auf, und solch ein Glanz strahlte aus dem großen Zimmer hinein, daß die Kinder mit lautem Ausruf: »Ach! – Ach!« wie erstarrt auf der Schwelle stehenblieben. Aber Papa und Mama traten in die Türe, faßten die Kinder bei der Hand und sprachen: »Kommt doch nur, kommt doch nur, ihr lieben Kinder und seht, was euch der Heilige Christ beschert hat.«

Die Gaben

Ich wende mich an dich selbst, sehr geneigter Leser oder Zuhörer Fritz – Theodor – Ernst – oder wie du sonst heißen magst und bitte dich, daß du dir deinen letzten mit schönen bunten Gaben reich geschmückten Weihnachtstisch recht lebhaft vor Augen bringen mögest, dann wirst du es dir wohl auch denken können, wie die Kinder mit glänzenden Augen ganz verstummt stehenblieben, wie erst nach einer Weile Marie mit einem tiefen Seufzer rief: »Ach wie schön – ach wie schön«, und Fritz einige Luftsprünge versuchte, die ihm überaus wohl gerieten. Aber die Kinder mußten auch das ganze Jahr über besonders artig und fromm gewesen sein, denn nie war ihnen so viel Schönes, Herrliches einbeschert worden als dieses Mal. Der große Tannenbaum in der Mitte trug viele goldne und silberne Äpfel, und wie Knospen und Blüten keimten Zuckermandeln und bunte Bonbons und was es sonst noch für schönes Naschwerk gibt, aus allen Ästen. Als das Schönste an dem Wunderbaum mußte aber wohl gerühmt werden, daß in seinen dunkeln Zweigen hundert kleine Lichter wie Sternlein funkelten und er selbst in sich hinein- und herausleuchtend die Kinder freundlich einlud seine Blüten und Früchte zu pflücken. Um den Baum umher glänzte alles sehr bunt und herrlich – was es da alles für schöne Sachen gab – ja, wer das zu beschreiben vermöchte!

Marie erblickte die zierlichsten Puppen, allerlei saubere kleine Gerätschaften und was vor allem schön anzusehen war, ein seidenes Kleidchen mit bunten Bändern zierlich geschmückt, hing an einem Gestell so der kleinen Marie vor Augen, daß sie es von allen Seiten betrachten konnte und das tat sie denn auch, indem sie ein Mal über das andere ausrief: »Ach das schöne, ach das liebe – liebe Kleidchen: und das werde ich – ganz gewiß – das werde ich wirklich anziehen dürfen!« – Fritz hatte indessen schon drei- oder viermal um den Tisch herumgaloppierend und -trabend den neuen Fuchs versucht, den er in der Tat am Tische angezäumt gefunden. Wieder absteigend, meinte er: es sei eine wilde Bestie, das täte aber nichts, er wolle ihn schon kriegen, und musterte die neue Schwadron Husaren, die sehr prächtig in Rot und Gold gekleidet waren, lauter silberne Waffen trugen und auf solchen weißglänzenden Pferden ritten, daß man beinahe hätte glauben sollen, auch diese seien von purem Silber. Eben wollten die Kinder, etwas ruhiger geworden, über die Bilderbücher her, die aufgeschlagen waren, daß man allerlei sehr schöne Blumen und bunte Menschen, ja auch allerliebste spielende Kinder, so natürlich gemalt als lebten und sprächen sie wirklich, gleich anschauen konnte. – Ja! eben wollten die Kinder über diese wunderbaren Bücher her, als nochmals geklingelt wurde. Sie wußten, daß nun der Pate Droßelmeier einbescheren würde, und liefen nach dem an der Wand stehenden Tisch. Schnell wurde der Schirm, hinter dem er so lange versteckt gewesen, weggenommen. Was erblickten da die Kinder! – Auf einem grünen mit bunten Blumen geschmückten Rasenplatz stand ein sehr herrliches Schloß mit vielen Spiegelfenstern und goldnen Türmen. Ein Glockenspiel ließ sich hören, Türen und Fenster gingen auf, und man sah, wie sehr kleine aber zierliche Herrn und Damen mit Federhüten und langen Schleppkleidern in den Sälen herumspazierten. In dem Mittelsaal, der ganz in Feuer zu stehen schien – so viel Lichterchen brannten an silbernen Kronleuchtern – tanzten Kinder in kurzen Wämschen und Röckchen nach dem Glockenspiel. Ein Herr in einem smaragdenen Mantel sah oft durch ein Fenster, winkte heraus und verschwand wieder, so wie auch Pate Droßelmeier selbst, aber kaum viel höher als Papas Daumen zuweilen unten an der Tür des Schlosses stand und wieder hineinging. Fritz hatte mit auf den Tisch gestemmten Armen das schöne Schloß und die tanzenden und spazierenden Figürchen angesehen, dann sprach er: »Pate Droßelmeier! Laß mich mal hineingehen in dein Schloß!« – Der Obergerichtsrat bedeutete ihn, daß das nun ganz und gar nicht anginge. Er hatte auch recht, denn es war töricht von Fritzen, daß er in ein Schloß gehen wollte, welches überhaupt mitsamt seinen goldnen Türmen nicht so hoch war, als er selbst. Fritz sah das auch ein. Nach einer Weile, als immerfort auf dieselbe Weise die Herrn und Damen hin und her spazierten, die Kinder tanzten, der smaragdne Mann zu demselben Fenster heraussah, Pate Droßelmeier vor die Türe trat, da rief Fritz ungeduldig: »Pate Droßelmeier, nun komm mal zu der andern Tür da drüben heraus.« »Das geht nicht, liebes Fritzchen«, erwiderte der Obergerichtsrat. »Nun so laß mal«, sprach Fritz weiter, »laß mal den grünen Mann, der so oft heraus kuckt, mit den andern herumspazieren.« »Das geht auch nicht«, erwiderte der Obergerichtsrat aufs neue. »So sollen die Kinder herunterkommen«, rief Fritz, »ich will sie näher besehen.« »Ei, das geht alles nicht«, sprach der Obergerichtsrat verdrießlich, »wie die Mechanik nun einmal gemacht ist, muß sie bleiben.« »So-o?« fragte Fritz mit gedehnten Ton, »das geht alles nicht? Hör mal, Pate Droßelmeier, wenn deine kleinen geputzten Dinger in dem Schlosse nichts mehr können als immer dasselbe, da taugen sie nicht viel, und ich frage nicht sonderlich nach ihnen. – Nein, da lob ich mir meine Husaren, die müssen manövrieren vorwärts, rückwärts, wie ich's haben will und sind in kein Haus gesperrt.« Und damit sprang er fort an den Weihnachtstisch und ließ seine Eskadron auf den silbernen Pferden hin und her trottieren und schwenken und einhauen und feuern nach Herzenslust. Auch Marie hatte sich sachte fortgeschlichen, denn auch sie wurde des Herumgehens und Tanzens der Püppchen im Schlosse bald überdrüssig, und mochte es, da sie sehr artig und gut war, nur nicht so merken lassen wie Bruder Fritz. Der Obergerichtsrat Droßelmeier sprach ziemlich verdrießlich zu den Eltern: »Für unverständige Kinder ist solch künstliches Werk nicht, ich will nur mein Schloß wieder einpacken«; doch die Mutter trat hinzu, und ließ sich den innern Bau und das wunderbare, sehr künstliche Räderwerk zeigen, wodurch die kleinen Püppchen in Bewegung gesetzt wurden. Der Rat nahm alles auseinander, und setzte es wieder zusammen. Dabei war er wieder ganz heiter geworden, und schenkte den Kindern noch einige schöne braune Männer und Frauen mit goldnen Gesichtern, Händen und Beinen. Sie waren sämtlich aus Thorn und rochen so süß und angenehm wie Pfefferkuchen, worüber Fritz und Marie sich sehr erfreuten. Schwester Luise hatte, wie es die Mutter gewollt, das schöne Kleid angezogen, welches ihr einbeschert worden, und sah wunderhübsch aus, aber Marie meinte, als sie auch ihr Kleid anziehen sollte, sie möchte es lieber noch ein bißchen so ansehen. Man erlaubte ihr das gern.

Der Schützling

Eigentlich mochte Marie sich deshalb gar nicht von dem Weihnachtstisch trennen, weil sie eben etwas noch nicht Bemerktes entdeckt hatte. Durch das Ausrücken von Fritzens Husaren, die dicht an dem Baum in Parade gehalten, war nämlich ein sehr vortrefflicher kleiner Mann sichtbar geworden, der still und bescheiden dastand, als erwarte er ruhig, wenn die Reihe an ihn kommen werde. Gegen seinen Wuchs wäre freilich vieles einzuwenden gewesen, denn abgesehen davon, daß der etwas lange, starke Oberleib nicht recht zu den kleinen dünnen Beinchen passen wollte, so schien auch der Kopf bei weitem zu groß. Vieles machte die propre Kleidung gut, welche auf einen Mann von Geschmack und

Bildung schließen ließ. Er trug nämlich ein sehr schönes violettglänzendes Husarenjäckchen mit vielen weißen Schnüren und Knöpfchen, ebensolche Beinkleider, und die schönsten Stiefelchen, die jemals an die Füße eines Studenten, ja wohl gar eines Offiziers gekommen sind. Sie saßen an den zierlichen Beinchen so knapp angegossen, als wären sie darauf gemalt. Komisch war es zwar, daß er zu dieser Kleidung sich hinten einen schmalen unbeholfenen Mantel, der recht aussah wie von Holz, angehängt, und ein Bergmannsmützchen aufgesetzt hatte, indessen dachte Marie daran, daß Pate Droßelmeier ja auch einen sehr schlechten Matin umhänge, und eine fatale Mütze aufsetze, dabei aber doch ein gar lieber Pate sei. Auch stellte Marie die Betrachtung an, daß Pate Droßelmeier, trüge er sich auch übrigens so zierlich wie der Kleine, doch nicht einmal so hübsch als er aussehen werde. Indem Marie den netten Mann, den sie auf den ersten Blick liebgewonnen, immer mehr und mehr ansah, da wurde sie erst recht inne, welche Gutmütigkeit auf seinem Gesichte lag. Aus den hellgrünen, etwas zu großen hervorstehenden Augen sprach nichts als Freundschaft und Wohlwollen. Es stand dem Manne gut, daß sich um sein Kinn ein wohlfrisierter Bart von weißer Baumwolle legte, denn um so mehr konnte man das süße Lächeln des hochroten Mundes bemerken. »Ach!« rief Marie endlich aus: »ach lieber Vater, wem gehört denn der allerliebste kleine Mann dort am Baum?« »Der«, antwortete der Vater, »der, liebes Kind! soll für euch alle tüchtig arbeiten, er soll euch fein die harten Nüsse aufbeißen, und er gehört Luisen ebensogut als dir und dem Fritz.« Damit nahm ihn der Vater behutsam vom Tische, und indem er den hölzernen Mantel in die Höhe hob, sperrte das Männlein den Mund weit, weit auf, und zeigte zwei Reihen sehr weißer spitzer Zähnchen. Marie schob auf des Vaters Geheiß eine Nuß hinein, und – knack – hatte sie der Mann zerbissen, daß die Schalen abfielen, und Marie den süßen Kern in die Hand bekam. Nun mußte wohl jeder und auch Marie wissen, daß der zierliche kleine Mann aus dem Geschlecht der Nußknacker abstammte, und die Profession seiner Vorfahren trieb. Sie jauchzte auf vor Freude, da sprach der Vater: »Da dir, liebe Marie, Freund Nußknacker so sehr gefällt, so sollst du ihn auch besonders hüten und schützen, unerachtet, wie ich gesagt, Luise und Fritz ihn mit ebenso vielem Recht brauchen können als du!« – Marie nahm ihn sogleich in den Arm, und ließ ihn Nüsse aufknacken, doch suchte sie die kleinsten aus, damit das Männlein nicht so weit den Mund aufsperren durfte, welches ihm doch im Grunde nicht gut stand. Luise gesellte sich zu ihr, und auch für sie mußte Freund Nußknacker seine Dienste verrichten, welches er gern zu tun schien, da er immerfort sehr freundlich lächelte. Fritz war unterdessen vom vielen Exerzieren und Reiten müde geworden, und da er so lustig Nüsse knacken hörte, sprang er hin zu den Schwestern, und lachte recht von Herzen über den kleinen drolligen Mann, der nun, da Fritz auch Nüsse essen wollte, von Hand zu Hand ging, und gar nicht aufhören konnte mit Auf- und Zuschnappen. Fritz schob immer die größten und härtsten Nüsse hinein, aber mit einem Male ging es – krack – krack – und drei Zähnchen fielen aus des Nußknackers Munde, und sein ganzes Unterkinn war lose und wacklicht. – »Ach, mein armer lieber Nußknacker!« schrie Marie laut, und nahm ihn dem Fritz aus den Händen. »Das ist ein einfältiger dummer Bursche«, sprach Fritz. »Will Nußknacker sein, und hat kein ordentliches Gebiß – mag wohl auch sein Handwerk gar nicht verstehn. – Gib ihn nur her, Marie! Er soll mir Nüsse zerbeißen, verliert er auch noch die übrigen Zähne, ja das ganze Kinn obendrein, was ist an dem Taugenichts gelegen.« »Nein, nein«, rief Marie weinend, »du bekommst ihn nicht, meinen lieben Nußknacker, sieh nur her, wie er mich so wehmütig anschaut, und mir sein wundes Mündchen zeigt! – Aber du bist ein hartherziger Mensch – du schlägst deine Pferde und läßt wohl gar einen Soldaten totschießen.« – »Das muß so sein, das verstehst du nicht«, rief Fritz; »aber der Nußknacker gehört ebensogut mir, als dir, gib ihn nur her.« – Marie fing an heftig zu weinen, und wickelte den kranken Nußknacker schnell in ihr kleines Taschentuch ein. Die Eltern kamen mit dem Paten Droßelmeier herbei. Dieser nahm zu Mariens Leidwesen Fritzens Partie. Der Vater sagte aber: »Ich habe den Nußknacker ausdrücklich unter Mariens Schutz gestellt, und da, wie ich sehe, er dessen eben jetzt bedarf, so hat sie volle Macht über ihn, ohne daß jemand dreinzureden hat. Übrigens wundert es mich sehr von Fritzen, daß er von einem im Dienst Erkrankten noch fernere Dienste verlangt. Als guter Militär sollte er doch wohl wissen, daß man Verwundete niemals in Reihe und Glied stellt?« – Fritz war sehr beschämt, und schlich, ohne sich weiter um Nüsse und Nußknacker zu bekümmern, fort an die andere Seite des Tisches, wo seine Husaren, nachdem sie gehörige Vorposten ausgestellt hatten, ins Nachtquartier gezogen waren. Marie suchte Nußknackers verlorne Zähnchen zusammen, um das kranke Kinn hatte sie ein hübsches weißes Band, das sie von ihrem Kleidchen abgelöst, gebunden, und dann den armen Kleinen, der sehr blaß und erschrocken aussah, noch sorgfältiger als vorher in ihr Tuch eingewickelt. So hielt sie ihn wie ein kleines Kind wiegend in den Armen, und besah die schönen Bilder des neuen Bilderbuchs, das heute unter den andern vielen Gaben lag. Sie wurde, wie es sonst gar nicht ihre Art war, recht böse, als Pate Droßelmeier so sehr lachte, und immerfort fragte: wie sie denn mit solch einem grundhäßlichen kleinen Kerl so schöntun könne? – Jener sonderbare Vergleich mit Droßelmeier, den sie anstellte, als der Kleine ihr zuerst in die Augen fiel, kam ihr wieder in den Sinn, und sie sprach sehr ernst: »Wer weiß, lieber Pate, ob du denn, putzest du dich auch so heraus wie mein lieber Nußknacker, und hättest du auch solche schöne blanke Stiefelchen an, wer weiß, ob du denn doch so hübsch aussehen würdest als er!« – Marie wußte gar nicht, warum denn die Eltern so laut auflachten, und warum der Obergerichtsrat solch eine rote Nase bekam, und gar nicht so hell mitlachte, wie zuvor. Es mochte wohl seine besondere Ursache haben.

Wunderdinge

Bei Medizinalrats in der Wohnstube, wenn man zur Türe hineintritt gleich links an der breiten Wand steht ein hoher Glasschrank, in welchem die Kinder all die schönen Sachen, die ihnen jedes Jahr einbeschert worden, aufbewahren. Die Luise war noch ganz klein, als der Vater den Schrank von einem sehr geschickten Tischler machen ließ, der so himmelhelle Scheiben einsetzte, und überhaupt das Ganze so geschickt einzurichten wußte, daß alles drinnen sich beinahe blanker und hübscher ausnahm, als wenn man es in Händen hatte. Im obersten Fache, für Marien und Fritzen unerreichbar, standen des Paten Droßelmeier Kunstwerke, gleich darunter war das Fach für die Bilderbücher, die beiden untersten Fächer durften Marie und Fritz anfüllen wie sie wollten, jedoch geschah es immer, daß Marie das unterste Fach ihren Puppen zur Wohnung einräumte, Fritz dagegen in dem Fache drüber seine Truppen Kantonierungsquartiere beziehen ließ. So war es auch heute gekommen, denn, indem Fritz seine Husaren oben aufgestellt, hatte Marie unten Mamsell Trutchen beiseite gelegt, die neue schön geputzte Puppe in das sehr gut möblierte Zimmer hineingesetzt, und sich auf Zuckerwerk bei ihr eingeladen. Sehr gut möbliert war das Zimmer, habe ich gesagt, und das ist auch wahr, denn ich weiß nicht, ob du, meine aufmerksame Zuhörerin Marie! ebenso wie die kleine Stahlbaum (es ist dir schon bekannt worden, daß sie auch Marie heißt), ja! – ich meine, ob du ebenso wie diese, ein kleines schöngeblümtes Sofa, mehrere allerliebste Stühlchen, einen niedlichen Teetisch, vor allen Dingen aber ein sehr nettes blankes Bettchen besitzest, worin die schönsten Puppen ausruhen? Alles dieses stand in der Ecke des Schranks, dessen Wände hier sogar mit bunten Bilderchen tapeziert waren, und du kannst dir wohl denken, daß in *diesem* Zimmer die neue Puppe, welche, wie Marie noch denselben Abend erfuhr, Mamsell Clärchen hieß, sich sehr wohl befinden mußte.

Es war später Abend geworden, ja Mitternacht im Anzuge, und Pate Droßelmeier längst fortgegangen, als die Kinder noch gar nicht wegkommen konnten von dem Glasschrank, so sehr auch die Mutter mahnte, daß sie doch endlich nun zu Bette gehen möchten. »Es ist wahr«, rief endlich Fritz, »die armen Kerls« (seine Husaren meinend) »wollen auch nun Ruhe haben, und solange ich da bin, wagt's keiner, ein bißchen zu nicken, das weiß ich schon!« Damit ging er ab; Marie aber bat gar sehr: »Nur noch ein Weilchen, ein einziges kleines Weilchen laß mich hier, liebe Mutter, hab ich ja doch manches zu besorgen, und ist das geschehen, so will ich ja gleich zu Bette gehen!« Marie war gar ein frommes vernünftiges Kind, und so konnte die gute Mutter wohl ohne Sorgen sie noch bei den Spielsachen allein lassen. Damit aber Marie nicht etwa gar zu sehr verlockt werde von der neuen Puppe und den schönen Spielsachen überhaupt, so aber die Lichter vergäße, die rings um den

Wandschrank brennten, löschte die Mutter sie sämtlich aus, so daß nur die Lampe, die in der Mitte des Zimmers von der Decke herabhing, ein sanftes anmutiges Licht verbreitete. »Komm bald hinein, liebe Marie! sonst kannst du ja morgen nicht zu rechter Zeit aufstehen«, rief die Mutter, indem sie sich in das Schlafzimmer entfernte. Sobald sich Marie allein befand, schritt sie schnell dazu, was ihr zu tun recht auf dem Herzen lag, und was sie doch nicht, selbst wußte sie nicht warum, der Mutter zu entdecken vermochte. Noch immer hatte sie den kranken Nußknacker eingewickelt in ihr Taschentuch auf dem Arm getragen. Jetzt legte sie ihn behutsam auf den Tisch, wickelte leise, leise das Tuch ab, und sah nach den Wunden. Nußknacker war sehr bleich, aber dabei lächelte er so sehr wehmütig freundlich, daß es Marien recht durch das Herz ging. »Ach, Nußknackerchen«, sprach sie sehr leise, »sei nur nicht böse, daß Bruder Fritz dir so wehe getan hat, er hat es auch nicht so schlimm gemeint, er ist nur ein bißchen hartherzig geworden durch das wilde Soldatenwesen, aber sonst ein recht guter Junge, das kann ich dich versichern. Nun will ich dich aber auch recht sorglich so lange pflegen, bis du wieder ganz gesund und fröhlich geworden; dir deine Zähnchen recht fest einsetzen, dir die Schultern einrenken, das soll Pate Droßelmeier, der sich auf solche Dinge versteht.« – Aber nicht ausreden konnte Marie, denn indem sie den Namen Droßelmeier nannte, machte Freund Nußknacker ein ganz verdammt schiefes Maul, und aus seinen Augen fuhr es heraus, wie grünfunkelnde Stacheln. In dem Augenblick aber, daß Marie sich recht entsetzen wollte, war es ja wieder des ehrlichen Nußknackers wehmütig lächelndes Gesicht, welches sie anblickte, und sie wußte nun wohl, daß der von der Zugluft berührte, schnell auflodernde Strahl der Lampe im Zimmer Nußknackers Gesicht so entstellt hatte. »Bin ich nicht ein töricht Mädchen, daß ich so leicht erschrecke, so daß ich sogar glaube, das Holzpüppchen da könne mir Gesichter schneiden! Aber lieb ist mir doch Nußknacker gar zu sehr, weil er so komisch ist, und doch so gutmütig, und darum muß er gepflegt werden, wie sich's gehört!« Damit nahm Marie den Freund Nußknacker in den Arm, näherte sich dem Glasschrank, kauerte vor demselben, und sprach also zur neuen Puppe: »Ich bitte dich recht sehr, Mamsell Clärchen, tritt dein Bettchen dem kranken wunden Nußknacker ab, und behelfe dich, so gut wie es geht, mit dem Sofa. Bedenke, daß du sehr gesund, und recht bei Kräften bist, denn sonst würdest du nicht solche dicke dunkelrote Backen haben, und daß sehr wenige der allerschönsten Puppen solche weiche Sofas besitzen.«

Mamsell Clärchen sah in vollem glänzenden Weihnachtsputz sehr vornehm und verdrießlich aus, und sagte nicht »Muck!« »Was mache ich aber auch für Umstände«, sprach Marie, nahm das Bette hervor, legte sehr leise und sanft Nußknackerchen hinein, wickelte noch ein gar schönes Bändchen, das sie sonst um den Leib getragen, um die wunden Schultern, und bedeckte ihn bis unter die Nase. »Bei der unartigen Cläre darf er aber nicht bleiben«, sprach sie weiter, und hob das Bettchen samt dem darinne liegenden Nußknacker heraus in das obere Fach, so daß es dicht neben dem schönen Dorf zu stehen kam, wo Fritzens Husaren kantonierten. Sie verschloß den Schrank und wollte ins Schlafzimmer, da – horcht auf Kinder! – da fing es an leise – leise zu wispern und zu flüstern und zu rascheln ringsherum, hinter dem Ofen, hinter den Stühlen, hinter den Schränken. – Die Wanduhr schnurrte dazwischen lauter und lauter, aber sie konnte nicht schlagen. Marie blickte hin, da hatte die große vergoldete Eule, die darauf saß, ihre Flügel herabgesenkt, so daß sie die ganze Uhr überdeckten und den häßlichen Katzenkopf mit krummen Schnabel weit vorgestreckt. Und stärker schnurrte es mit vernehmlichen Worten: »Uhr, Uhre, Uhre, Uhren, müßt alle nur leise schnurren, leise schnurren. – Mausekönig hat ja wohl ein feines Ohr – purr-purr – pum pum singt nur, singt ihm altes Liedlein vor – purr purr – pum pum schlag an Glöcklein, schlag an, bald ist es um ihn getan!« Und pum pum ging es ganz dumpf und heiser zwölfmal! – Marien fing an sehr zu grauen, und entsetzt wär sie beinahe davongelaufen, als sie Pate Droßelmeier erblickte, der statt der Eule auf der Wanduhr saß und seine gelben Rockschöße von beiden Seiten wie Flügel herabgehängt hatte, aber sie ermannte sich und rief laut und weinerlich: »Pate Droßelmeier, Pate Droßelmeier, was willst du da oben? Komm herunter zu mir und erschrecke mich nicht so, du böser Pate Droßelmeier!« – Aber da ging ein tolles

Kichern und Gepfeife los rundumher, und bald trottier-
te und lief es hinter den Wänden wie mit tausend kleinen Füßchen und tausend kleine Lichterchen blickten
aus den Ritzen der Dielen. Aber nicht Lichterchen waren es, nein! kleine funkelnde Augen, und Marie wurde
gewahr, daß überall Mäuse hervorguckten und sich
hervorarbeiteten. Bald ging es trott – trott – hopp hopp
in der Stube umher – immer lichtere und dichtere Haufen Mäuse galoppierten hin und her, und stellten sich
endlich in Reihe und Glied, so wie Fritz seine Soldaten
zu stellen pflegte, wenn es zur Schlacht gehen sollte.
Das kam nun Marien sehr possierlich vor, und da sie
nicht, wie manche andere Kinder, einen natürlichen Ab-
scheu gegen Mäuse hatte, wollte ihr eben alles Grauen
vergehen, als es mit einemmal so entsetzlich und so
schneidend zu pfeifen begann, daß es ihr eiskalt über
den Rücken lief! – Ach was erblickte sie jetzt! – Nein,
wahrhaftig, geehrter Leser Fritz, ich weiß, daß ebensogut wie dem weisen und mutigen Feldherrn Fritz Stahlbaum dir das Herz auf dem rechten Flecke sitzt, aber,
hättest du *das* gesehen, was Marien jetzt vor Augen kam,
wahrhaftig du wärst davongelaufen, ich glaube sogar,
du wärst schnell ins Bett gesprungen und hättest die
Decke viel weiter über die Ohren gezogen als gerade nötig. – Ach! – das konnte die arme Marie ja nicht einmal
tun, denn hört nur Kinder! – dicht dicht vor ihren Füßen
sprühte es wie von unterirdischer Gewalt getrieben,
Sand und Kalk und zerbröckelte Mauersteine hervor
und sieben Mäuseköpfe mit sieben hellfunkelnden Kro-

nen erhoben sich recht gräßlich zischend und pfeifend aus dem Boden. Bald arbeitete sich auch der Mausekörper, an dessen Hals die sieben Köpfe angewachsen waren, vollends hervor und der großen mit sieben Diademen geschmückten Maus jauchzte in vollem Chorus dreimal laut aufquiekend das ganze Heer entgegen, das sich nun auf einmal in Bewegung setzte und hott, hott – trott – trott ging es – ach geradezu auf den Schrank – geradezu auf Marien los, die noch dicht an der Glastüre des Schrankes stand. Vor Angst und Grauen hatte Marien das Herz schon so gepocht, daß sie glaubte, es müsse nun gleich aus der Brust herausspringen und dann müßte sie sterben; aber nun war es ihr, als stehe ihr das Blut in den Adern still. Halb ohnmächtig wankte sie zurück, da ging es klirr – klirr – prr und in Scherben fiel die Glasscheibe des Schranks herab, die sie mit dem Ellbogen eingestoßen. Sie fühlte wohl in dem Augenblick einen recht stechenden Schmerz am linken Arm, aber es war ihr auch plötzlich viel leichter ums Herz, sie hörte kein Quieken und Pfeifen mehr, es war alles ganz still geworden, und, obschon sie nicht hinblicken mochte, glaubte sie doch, die Mäuse wären von dem Klirren der Scheibe erschreckt wieder abgezogen in ihre Löcher. – Aber was war denn das wieder? – Dicht hinter Marien fing es an im Schrank auf seltsame Weise zu rumoren und ganz feine Stimmchen fingen an: »Aufgewacht – aufgewacht – wolln zur Schlacht – noch diese Nacht – aufgewacht – auf zur Schlacht.« – Und dabei klingelte es mit harmonischen Glöcklein gar hübsch und anmutig! »Ach das ist ja mein kleines Glockenspiel«, rief Marie freudig, und sprang schnell zur Seite. Da sah sie wie es im Schrank ganz sonderbar leuchtete und herumwirtschaftete und hantierte. Es waren mehrere Puppen, die durcheinanderliefen und mit den kleinen Armen herumfochten. Mit einemmal erhob sich jetzt Nußknacker, warf die Decke weit von sich und sprang mit beiden Füßen zugleich aus dem Bette, indem er laut rief: »Knack – knack – knack – dummes Mausepack – dummer toller Schnack – Mausepack – Knack – Knack – Mausepack – Krick und Krack – wahrer Schnack.« Und damit zog er sein kleines Schwert und schwang es in den Lüften und rief: »Ihr meine lieben Vasallen, Freunde und Brüder, wollt ihr mir beistehen im harten Kampf?« – Sogleich schrien heftig drei Skaramuzze, ein Pantalon, vier Schornsteinfeger, zwei Zitherspielmänner und ein Tambour: »Ja, Herr – wir hängen Euch an in standhafter Treue – mit Euch ziehen wir in Tod, Sieg und Kampf!« und stürzten sich nach dem begeisterten Nußknacker, der den gefährlichen Sprung wagte, vom obern Fach herab. Ja! jene hatten gut sich herabstürzen, denn nicht allein, daß sie reiche Kleider von Tuch und Seide trugen, so war inwendig im Leibe auch nicht viel anders als Baumwolle und Häcksel, daher plumpten sie auch herab wie Wollsäckchen. Aber der arme Nußknacker, der hätte gewiß Arm und Beine gebrochen, denn, denkt euch, es war beinahe zwei Fuß hoch vom Fache, wo er stand, bis zum untersten, und sein Körper war so spröde als sei er geradezu aus Lindenholz geschnitzt. Ja,

Nußknacker hätte gewiß Arm und Beine gebrochen, wäre, im Augenblick als er sprang, nicht auch Mamsell Clärchen schnell vom Sofa aufgesprungen und hätte den Helden mit dem gezogenen Schwert in ihren weichen Armen aufgefangen. »Ach, du liebes gutes Clärchen!« schluchzte Marie, »wie habe ich dich verkannt, gewiß gabst du Freund Nußknackern dein Bettchen recht gerne her!« Doch Mamsell Clärchen sprach jetzt, indem sie den jungen Helden sanft an ihre seidene Brust drückte: »Wollet Euch, o Herr! krank und wund wie Ihr seid, doch nicht in Kampf und Gefahr begeben, seht wie Eure tapferen Vasallen kampflustig und des Sieges gewiß sich sammeln. Skaramuz, Pantalon, Schornsteinfeger, Zitherspielmann und Tambour sind schon unten und die Devisen-Figuren in meinem Fache rühren und regen sich merklich! Wollet, o Herr! in meinen Armen ausruhen, oder von meinem Federhut herab Euern Sieg anschaun!« So sprach Clärchen, doch Nußknacker tat ganz ungebärdig und strampelte so sehr mit den Beinen, daß Clärchen ihn schnell herab auf den Boden setzen mußte. In dem Augenblick ließ er sich aber sehr artig auf ein Knie nieder und lispelte: »O Dame! stets werd ich Eurer mir bewiesenen Gnade und Huld gedenken in Kampf und Streit!« Da bückte sich Clärchen so tief herab, daß sie ihn beim Ärmchen ergreifen konnte, hob ihn sanft auf, löste schnell ihren mit vielen Flittern gezierten Leibgürtel los und wollte ihn dem Kleinen umhängen, doch der wich zwei Schritte zurück, legte die Hand auf die Brust, und sprach sehr feierlich: »Nicht so wol-

let, o Dame, Eure Gunst an mir verschwenden, denn –«
er stockte, seufzte tief auf, riß dann schnell das Bändchen, womit ihn Marie verbunden hatte, von den Schultern, drückte es an die Lippen, hing es wie eine Feldbin-
de um, und sprang, das blankgezogene Schwertlein
mutig schwenkend, schnell und behende wie ein Vögelchen über die Leiste des Schranks auf den Fußboden. –
Ihr merkt wohl höchst geneigte und sehr vortreffliche
Zuhörer, daß Nußknacker schon früher als er wirklich
lebendig worden, alles Liebe und Gute, was ihm Marie
erzeigte, recht deutlich fühlte, und daß er nur deshalb,
weil er Marien so gar gut worden, auch nicht einmal
ein Band von Mamsell Clärchen annehmen und tragen
wollte, unerachtet es sehr glänzte und sehr hübsch aussah. Der treue gute Nußknacker putzte sich lieber mit
Mariens schlichtem Bändchen. – Aber wie wird es nun
weiter werden? – Sowie Nußknacker herabspringt, geht
auch das Quieken und Piepen wieder los. Ach! unter
dem großen Tische halten ja die fatalen Rotten unzäh-
liger Mäuse und über alle ragt die abscheuliche Maus
mit den sieben Köpfen hervor! – Wie wird das nun
werden! –

Die Schlacht
»Schlagt den Generalmarsch, getreuer Vasalle Tambour!« schrie Nußknacker sehr laut und sogleich fing
der Tambour an, auf die künstlichste Weise zu wirbeln,
daß die Fenster des Glasschranks zitterten und dröhn-
ten. Nun krackte und klapperte es drinnen und Ma-

rie wurde gewahr, daß die Deckel sämtlicher Schachteln worin Fritzens Armee einquartiert war mit Gewalt auf- und die Soldaten heraus und herab ins unterste Fach sprangen, dort sich aber in blanken Rotten sammelten. Nußknacker lief auf und nieder, begeisterte Worte zu den Truppen sprechend: »Kein Hund von Trompeter regt und rührt sich«, schrie Nußknacker erbost, wandte sich aber dann schnell zum Pantalon, der etwas blaß geworden, mit dem langen Kinn sehr wackelte, und sprach feierlich: »General, ich kenne Ihren Mut und Ihre Erfahrung, hier gilt's schnellen Überblick und Benutzung des Moments – ich vertraue Ihnen das Kommando sämtlicher Kavallerie und Artillerie an – ein Pferd brauchen Sie nicht, Sie haben sehr lange Beine und galoppieren damit leidlich. – Tun Sie jetzt was Ihres Berufs ist.« Sogleich drückte Pantalon die dürren langen Fingerchen an den Mund und krähte so durchdringend, daß es klang als würden hundert helle Trompetlein lustig geblasen. Da ging es im Schrank an ein Wiehern und Stampfen, und siehe, Fritzens Kürassiere und Dragoner, vor allen Dingen aber die neuen glänzenden Husaren rückten aus, und hielten bald unten auf dem Fußboden. Nun defilierte Regiment auf Regiment mit fliegenden Fahnen und klingendem Spiel bei Nußknacker vorüber und stellte sich in breiter Reihe quer über den Boden des Zimmers. Aber vor ihnen her fuhren rasselnd Fritzens Kanonen auf, von den Kanonieren umgeben, und bald ging es bum – bum und Marie sah wie die Zuckererbsen einschlugen in den dicken Haufen der Mäuse, die davon ganz weiß überpudert wurden und sich sehr schämten. Vorzüglich tat ihnen aber eine schwere Batterie viel Schaden, die auf Mamas Fußbank aufgefahren war und Pum – Pum – Pum, immer hintereinander fort Pfeffernüsse unter die Mäuse schoß, wovon sie umfielen. Die Mäuse kamen aber doch immer näher und überrannten sogar einige Kanonen, aber da ging es Prr – Prr, Prr, und vor Rauch und Staub konnte Marie kaum sehen, was nun geschah. Doch so viel war gewiß, daß jedes Korps sich mit der höchsten Erbitterung schlug, und der Sieg lange hin und her schwankte. Die Mäuse entwickelten immer mehr und mehr Massen, und ihre kleinen silbernen Pillen, die sie sehr geschickt zu schleudern wußten, schlugen schon bis in den Glasschrank hinein. Verzweiflungsvoll liefen Clärchen und Trutchen umher, und rangen sich die Händchen wund. »Soll ich in meiner blühendsten Jugend sterben! – ich die schönste der Puppen!« schrie Clärchen. »Hab ich darum mich so gut konserviert, um hier in meinen vier Wänden umzukommen?« rief Trutchen. Dann fielen sie sich um den Hals, und heulten so sehr, daß man es trotz des tollen Lärms doch hören könnte. Denn von dem Spektakel, der nun losging, habt ihr kaum einen Begriff, werte Zuhörer. – Das ging – Prr – Prr – Puff, Piff – Schnetterdeng – Schnetterdeng – Bum, Burum, Bum – Burum – Bum – durcheinander und dabei quiekten und schrien Mauskönig und Mäuse, und dann hörte man wieder Nußknackers gewaltige Stimme, wie er nützliche Befehle austeilte und sah ihn, wie er über die im Feuer stehenden Bataillone hinwegschritt! – Pantalon hatte einige sehr glänzende Kavallerieangriffe gemacht und sich mit Ruhm bedeckt, aber Fritzens Husaren wurden von der Mäuseartillerie mit häßlichen, übelriechenden Kugeln beworfen, die ganz fatale Flecke in ihren roten Wämsern machten, weshalb sie nicht recht vor wollten. Pantalon ließ sie links abschwenken und in der Begeisterung des Kommandierens machte er es ebenso und seine Kürassiere und Dragoner auch, das heißt, sie schwenkten alle links ab, und gingen nach Hause. Dadurch geriet die auf der Fußbank postierte Batterie in Gefahr, und es dauerte auch gar nicht lange, so kam ein dicker Haufe sehr häßlicher Mäuse und rannte so stark an, daß die ganze Fußbank mitsamt den Kanonieren und Kanonen umfiel. Nußknacker schien sehr bestürzt, und befahl, daß der rechte Flügel eine rückgängige Bewegung machen solle. Du weißt, o mein kriegserfahrner Zuhörer Fritz! daß eine solche Bewegung machen, beinahe so viel heißt als davonlaufen und betrauerst mit mir schon jetzt das Unglück, was über die Armee des kleinen von Marie geliebten Nußknackers kommen sollte! – Wende jedoch dein Auge von diesem Unheil ab, und beschaue den linken Flügel der Nußknackerischen Armee, wo alles noch sehr gut steht und für Feldherrn und Armee viel zu hoffen ist. Während des hitzigsten Gefechts waren leise leise Mäuse-Kavalleriemassen unter der Kommode herausdebouchiert, und hatten sich unter lautem gräßlichen Gequiek mit Wut auf den linken Flügel der Nußknackerischen Armee geworfen, aber welchen Widerstand fanden sie da! – Langsam, wie es die Schwierigkeit des Terrains nur erlaubte, da die Leiste des Schranks zu passieren, war das Devisen-Korps unter der Anführung zweier chinesischer Kaiser vorgerückt, und hatte sich *en quarré plain* formiert. – Diese wackern, sehr bunten und herrlichen Truppen, die aus vielen Gärtnern, Tirolern, Tungusen, Friseurs, Harlekins, Kupidos, Löwen, Tigern, Meerkatzen und Affen bestanden, fochten mit Fassung, Mut und Ausdauer. Mit spartanischer Tapferkeit hätte dies Bataillon von Eliten dem Feinde den Sieg entrissen, wenn nicht ein verwegener feindlicher Rittmeister tollkühn vordringend einem der chinesischen Kaiser den Kopf abgebissen und dieser im Fallen zwei Tungusen und eine Meerkatze erschlagen hätte. Dadurch entstand eine Lücke, durch die der Feind eindrang und bald war das ganze Bataillon zerbissen. Doch wenig Vorteil hatte der Feind von dieser Untat. Sowie ein Mäusekavallerist mordlustig einen der tapfern Gegner mittendurch zerbiß, bekam er einen kleinen gedruckten Zettel in den Hals, wovon er augenblicklich starb. – Half dies aber wohl auch der Nußknackerischen Armee, die, einmal rückgängig geworden, immer rückgängiger wurde und immer mehr Leute verlor, so daß der unglückliche Nußknacker nur mit einem gar kleinen Häufchen dicht vor dem Glasschranke hielt? »Die Reserve soll heran! – Pantalon – Skaramuz, Tambour – wo seid ihr?« – So schrie Nußknacker, der noch auf neue Truppen hoffte, die sich aus dem Glasschrank entwickeln sollten. Es kamen auch wirklich einige braune Männer und Frauen aus

Thorn mit goldnen Gesichtern, Hüten und Helmen heran, die fochten aber so ungeschickt um sich herum, daß sie keinen der Feinde trafen und bald ihrem Feldherrn Nußknacker selbst die Mütze vom Kopfe heruntergefochten hätten. Die feindlichen Chasseurs bissen ihnen auch bald die Beine ab, so daß sie umstülpten und noch dazu einige von Nußknackers Waffenbrüdern erschlugen. Nun war Nußknacker vom Feinde dicht umringt, in der höchsten Angst und Not. Er wollte über die Leiste des Schranks springen, aber die Beine waren zu kurz, Clärchen und Trutchen lagen in Ohnmacht, sie konnten ihm nicht helfen – Husaren – Dragoner sprangen lustig bei ihm vorbei und hinein, da schrie er auf in heller Verzweiflung: »Ein Pferd – ein Pferd – ein Königreich für ein Pferd!« – In dem Augenblick packten ihn zwei feindliche Tirailleurs bei dem hölzernen Mantel und im Triumph aus sieben Kehlen aufquiekend, sprengte Mausekönig heran. Marie wußte sich nicht mehr zu fassen, »o mein armer Nußknacker – mein armer Nußknacker!« so rief sie schluchzend, faßte, ohne sich deutlich ihres Tuns bewußt zu sein, nach ihrem linken Schuh, und warf ihn mit Gewalt in den dicksten Haufen der Mäuse hinein auf ihren König. In dem Augenblick schien alles verstoben und verflogen, aber Marie empfand am linken Arm einen noch stechendem Schmerz als vorher und sank ohnmächtig zur Erde nieder.

Die Krankheit

Als Marie wie aus tiefem Todesschlaf erwachte, lag sie in ihrem Bettchen und die Sonne schien hell und funkelnd durch die mit Eis belegten Fenster in das Zimmer hinein. Dicht neben ihr saß ein fremder Mann, den sie aber bald für den Chirurgus Wendelstern erkannte. Der sprach leise: »Nun ist sie aufgewacht!« Da kam die Mutter herbei und sah sie mit recht ängstlich forschenden Blicken an. »Ach, liebe Mutter«, lispelte die kleine Marie: »sind denn nun die häßlichen Mäuse alle fort, und ist denn der gute Nußknacker gerettet?« »Sprich nicht solch albernes Zeug, liebe Marie«, erwiderte die Mutter, »was haben die Mäuse mit dem Nußknacker zu tun. Aber du böses Kind, hast uns allen recht viel Angst und Sorge gemacht. Das kommt davon her, wenn die Kinder eigenwillig sind und den Eltern nicht folgen. Du spieltest gestern bis in die tiefe Nacht hinein mit deinen Puppen. Du wurdest schläfrig, und mag es sein, daß ein hervorspringendes Mäuschen, deren es doch sonst hier nicht gibt, dich erschreckt hat; genug, du stießest mit dem Arm eine Glasscheibe des Schranks ein und schnittest dich so sehr in den Arm, daß Herr Wendelstern, der dir eben die noch in den Wunden steckenden Glasscherbchen herausgenommen hat, meint, du hättest, zerschnitt das Glas eine Ader, einen steifen Arm behalten, oder dich gar verbluten können. Gott sei gedankt, daß ich, um Mitternacht erwachend, und dich noch so spät vermissend, aufstand, und in die Wohnstube ging. Da lagst du dicht neben dem Glasschrank ohnmächtig auf der Erde und blutetest sehr. Bald wär ich vor Schreck auch ohnmächtig geworden. Da lagst du nun, und um dich her zerstreut erblickte ich viele von Fritzens bleiernen Soldaten und andere Puppen, zerbrochene Devisen, Pfefferkuchmänner; Nußknacker lag aber auf deinem blutenden Arme und nicht weit von dir dein linker Schuh.« »Ach Mütterchen, Mütterchen«, fiel Marie ein: »sehen Sie wohl, das waren ja noch die Spuren von der großen Schlacht zwischen den Puppen und Mäusen, und nur darüber bin ich so sehr erschrocken, als die Mäuse den armen Nußknacker, der die Puppenarmee kommandierte, gefangennehmen wollten. Da warf ich meinen Schuh unter die Mäuse und dann weiß ich weiter nicht, was vorgegangen.« Der Chirurgus Wendelstern winkte der Mutter mit den Augen und diese sprach sehr sanft zu Marien: »Laß es nur gut sein, mein liebes Kind! – beruhige dich, die Mäuse sind alle fort und Nußknackerchen steht gesund und lustig im Glasschrank.« Nun trat der Medizinalrat ins Zimmer und sprach lange mit dem Chirurgus Wendelstern; dann fühlte er Mariens Puls und sie hörte wohl, daß von einem Wundfieber die Rede war. Sie mußte im Bette bleiben und Arzenei nehmen und so dauerte es einige Tage, wiewohl sie außer einigem Schmerz am Arm sich eben nicht krank und unbehaglich fühlte. Sie wußte, daß Nußknackerchen gesund aus der Schlacht sich gerettet hatte, und es kam ihr manchmal wie im Traume vor, daß er ganz vernehmlich, wiewohl mit sehr wehmütiger Stimme sprach: »Marie, teuerste Dame, Ihnen verdanke ich viel, doch noch mehr können Sie für mich tun!« Marie dachte vergebens darüber nach, was das wohl sein könnte, es fiel ihr durchaus nicht ein. – Spielen konnte Marie gar nicht recht, wegen des wunden Arms, und wollte sie lesen, oder in den Bilderbüchern blättern, so flimmerte es ihr seltsam vor den Augen, und sie mußte davon ablassen. So mußte ihr nun wohl die Zeit recht herzlich lang werden, und sie konnte kaum die Dämmerung erwarten, weil dann die Mutter sich an ihr Bett setzte, und ihr sehr viel Schönes vorlas und erzählte. Eben hatte die Mutter die vorzügliche Geschichte vom Prinzen Fakardin vollendet, als die Türe aufging, und der Pate Droßelmeier mit den Worten hineintrat: »Nun muß ich doch wirklich einmal selbst sehen, wie es mit der kranken und wunden Marie zusteht.« Sowie Marie den Paten Droßelmeier in seinem gelben Röckchen erblickte, kam ihr das Bild jener Nacht, als Nußknacker die Schlacht wider die Mäuse verlor, gar lebendig vor Augen, und unwillkürlich rief sie laut dem Obergerichtsrat entgegen: »O Pate Droßelmeier, du bist recht häßlich gewesen, ich habe dich wohl gesehen, wie du auf der Uhr saßest, und sie mit deinen Flügeln bedecktest, daß sie nicht laut schlagen sollte, weil sonst die Mäuse verscheucht worden wären – ich habe es wohl gehört, wie du dem Mausekönig riefest! – warum kamst du dem Nußknakker, warum kamst du mir nicht zu Hülfe, du häßlicher Pate Droßelmeier, bist du denn nicht allein schuld,

daß ich verwundet und krank im Bette liegen muß?« –
Die Mutter fragte ganz erschrocken: »Was ist dir denn,
liebe Marie?« Aber der Pate Droßelmeier schnitt sehr
seltsame Gesichter, und sprach mit schnarrender, eintö-
niger Stimme: »Perpendikel mußte schnurren – picken –
wollte sich nicht schicken – Uhren – Uhren – Uhrenper-
pendikel müssen schnurren – leise schnurren – schlagen
Glocken laut kling klang – Hink und Honk, und Honk
und Hank – Puppenmädel sei nicht bang! – schlagen
Glöcklein, ist geschlagen, Mausekönig fortzujagen,
kommt die Eul im schnellen Flug – Pak und Pik, und
Pik und Puk – Glöcklein bim bim – Uhren – schnurr
schnurr – Perpendikel müssen schnurren – picken wollte sich nicht schicken – Schnarr und schnurr, und pirr
und purr!« – Marie sah den Paten Droßelmeier starr
mit großen Augen an, weil er ganz anders, und noch
viel häßlicher aussah, als sonst, und mit dem rechten
Arm hin und her schlug, als würd er gleich einer Draht-
puppe gezogen. Es hätte ihr ordentlich grauen können vor dem Paten, wenn die Mutter nicht zugegen
gewesen wäre, und wenn nicht endlich Fritz, der sich
unterdessen hineingeschlichen, ihn mit lautem Geläch-
ter unterbrochen hätte. »Ei, Pate Droßelmeier«, rief
Fritz, »du bist heute wieder auch gar zu possierlich,
du gebärdest dich ja wie mein Hampelmann, den ich
längst hinter den Ofen geworfen.« Die Mutter blieb
sehr ernsthaft, und sprach: »Lieber Herr Obergerichtsrat, das ist ja ein recht seltsamer Spaß, was meinen Sie
denn eigentlich?« »Mein Himmel!« erwiderte Droßel-

meier lachend, »kennen Sie denn nicht mehr mein hübsches Uhrmacherliedchen? Das pfleg ich immer zu singen bei solchen Patienten wie Marie.« Damit setzte er
sich schnell dicht an Mariens Bette, und sprach: »Sei
nur nicht böse, daß ich nicht gleich dem Mausekönig
alle vierzehn Augen ausgehackt, aber es konnte nicht
sein, ich will dir auch statt dessen eine rechte Freude
machen.« Der Obergerichtsrat langte mit diesen Worten in die Tasche, und was er nun leise, leise hervor-
zog, war – der Nußknacker, dem er sehr geschickt die
verlornen Zähnchen fest eingesetzt, und den lahmen
Kinnbacken eingerenkt hatte. Marie jauchzte laut auf
vor Freude, aber die Mutter sagte lächelnd: »Siehst du
nun wohl, wie gut es Pate Droßelmeier mit deinem
Nußknacker meint?« »Du mußt es aber doch eingestehen, Marie«, unterbrach der Obergerichtsrat die Me-
dizinalrätin, »du mußt es aber doch eingestehen, daß
Nußknacker nicht eben zum besten gewachsen, und
sein Gesicht nicht eben schön zu nennen ist. Wie so-
tane Häßlichkeit in seine Familie gekommen und ver-
erbt worden ist, das will ich dir wohl erzählen, wenn
du es anhören willst. Oder weißt du vielleicht schon
die Geschichte von der Prinzessin Pirlipat, der Hexe
Mauserinks und dem künstlichen Uhrmacher?« »Hör
mal«, fiel hier Fritz unversehens ein, »hör mal, Pate
Droßelmeier, die Zähne hast du dem Nußknacker rich-
tig eingesetzt, und der Kinnbacken ist auch nicht mehr
so wackelig, aber warum fehlt ihm das Schwert, warum hast du ihm kein Schwert umgehängt?« »Ei«, er-

widerte der Obergerichtsrat ganz unwillig, »du mußt an allem mäkeln und tadeln, Junge! – Was geht mich Nußknackers Schwert an, ich habe ihn am Leibe kuriert, mag er sich nun selbst ein Schwert schaffen, wie er will.« »Das ist wahr«, rief Fritz, »ist's ein tüchtiger Kerl, so wird er schon Waffen zu finden wissen.« »Also Marie«, fuhr der Obergerichtsrat fort, »sage mir, ob du die Geschichte weißt von der Prinzessin Pirlipat?« »Ach nein«, erwiderte Marie, »erzähle, lieber Pate Droßelmeier, erzähle!«

Manfred Kyber

DER KLEINE TANNENBAUM

Es war einmal ein kleiner Tannenbaum im tiefen Tannenwalde, der wollte so gerne ein Weihnachtsbaum sein. Aber das ist gar nicht so leicht, als man das meistens in der Tannengesellschaft annimmt, denn der heilige Nikolaus ist in der Beziehung sehr streng und erlaubt nur den Tannen als Weihnachtsbaum in Dorf und Stadt zu spazieren, die dafür ganz ordnungsmäßig in seinem Buch aufgeschrieben sind. Das Buch ist ganz schrecklich groß und dick, so wie sich das für einen guten alten Heiligen geziemt, und damit geht er im Walde herum in den klaren kalten Winternächten und sagt es allen den Tannen, die zum Weihnachtsfeste bestimmt sind. Und dann erschauern die Tannen, die zur Weihnacht erwählt sind, vor Freude und neigen sich dankend, und dazu leuchtet des Heiligen Heiligenschein, und das ist sehr schön und sehr feierlich.

Und der kleine Tannenbaum im tiefen Tannenwalde, der wollte so gerne ein Weihnachtsbaum sein.

Aber manches Jahr schon ist der heilige Nikolaus in den klaren kalten Winternächten an dem kleinen Tannenbaum vorbeigegangen und hat wohl ernst und geschäftig in sein erschrecklich großes Buch geguckt, aber auch nichts und gar nichts dazu gesagt. Der arme kleine Tannenbaum war eben nicht ordnungsmäßig vermerkt –

und da ist er sehr, sehr traurig geworden und hat ganz schrecklich geweint, so daß es ordentlich tropfte von allen Zweigen.

Wenn jemand so weint, daß es tropft, so hört man das natürlich, und diesmal hörte das ein kleiner Wicht, der ein grünes Moosröcklein trug, einen grauen Bart und eine feuerrote Nase hatte und in einem dunklen Erdloch wohnte. Das Männchen aß Haselnüsse, am liebsten hohle, und las Bücher, am liebsten dicke, und war ein ganz boshaftes kleines Geschöpf. Aber den Tannenbaum mochte es gerne leiden, weil es oft von ihm ein paar grüne Nadeln geschenkt bekam für sein gläsernes Pfeifchen, aus dem es immer blaue ringelnde Rauchwolken in die goldene Sonne blies – und darum ist der Wicht auch gleich herausgekommen, als er den Tannenbaum so jämmerlich weinen hörte, und hat gefragt: »Warum weinst du denn so erschrecklich, daß es tropft?«

Da hörte der kleine Tannenbaum etwas auf zu tropfen und erzählte dem Männchen sein Herzeleid. Der Wicht wurde ganz ernst, und seine glühende Nase glühte so sehr, daß man befürchten konnte, das Moosröcklein finge Feuer, aber es war ja nur die Begeisterung, und das ist nicht gefährlich. Der Wichtelmann war also begeistert davon, daß der kleine Tannenbaum im tiefen Tannenwalde so gerne ein Weihnachtsbaum sein wollte, und sagte bedächtig, indem er sich aufrichtete und ein paarmal bedeutsam schluckte:

»Mein lieber kleiner Tannenbaum, es ist zwar unmöglich, dir zu helfen, aber ich bin eben ich, und mir ist es vielleicht doch nicht unmöglich, dir zu helfen. Ich bin nämlich mit einigen Wachslichtern, darunter mit einem ganz bunten, befreundet, und die will ich bitten, zu dir zu kommen. Auch kenne ich ein großes Pfefferkuchenherz, das allerdings nur flüchtig – aber jedenfalls will ich sehen, was sich machen läßt. Vor allem aber weine nicht mehr so erschrecklich, daß es tropft.«

Damit nahm der kleine Wicht einen Eiszapfen in die Hand als Spazierstock und wanderte los durch den tiefen weißverschneiten Wald, der fernen Stadt zu.

Es dauerte sehr, sehr lange, und am Himmel schauten schon die ersten Sterne der heiligen Nacht durchs winterliche Dämmergrau auf die Erde hinab, und der kleine Tannenbaum war schon wieder ganz traurig geworden und dachte, daß er nun doch wieder kein Weihnachtsbaum sein würde. Aber da kam's auch schon ganz eilig und aufgeregt durch den Schnee gestapft, eine ganze kleine Gesellschaft: der Wicht mit dem Eiszapfen in der Hand und hinter ihm sieben Lichtlein – und auch eine Zündholzschachtel war dabei, auf der sogar was draufgedruckt war und die so kurze Beinchen hatte, daß sie nur mühsam durch den Schnee wackeln konnte.

Wie sie nun alle vor dem kleinen Tannenbaum standen, da räusperte sich der kleine Wicht im Moosröcklein vernehmlich, schluckte ein paarmal gar bedeutsam und sagte:

»Ich bin eben ich – und darum sind auch alle meine Bekannten mitgekommen. Es sind sieben Lichtlein aus allervornehmstem Wachs, darunter sogar ein buntes, und auch die Zündholzschachtel ist aus einer ganz besonders guten Familie, denn sie zündet nur an der braunen Reibfläche. Und jetzt wirst du also ein Weihnachtsbaum werden. Was aber das große Pfefferkuchenherz betrifft, das ich nur flüchtig kenne, so hat es auch versprochen zu kommen, es wollte sich nur noch ein Paar warme Filzschuhe kaufen, weil es gar so kalt ist draußen im Walde. Eine Bedingung hat es freilich gemacht: es muß gegessen werden, denn das müssen alle Pfefferkuchenherzen, das ist nun mal so. Ich habe schon einen Dachs benachrichtigt, den ich sehr gut kenne und dem ich einmal in einer Familienangelegenheit einen guten Rat gegeben habe. Er liegt jetzt im Winterschlaf, doch versprach er, als ich ihn weckte, das Pfefferkuchenherz zu speisen. Hoffentlich verschläft er's nicht!«

Als das Männchen das alles gesagt hatte, räusperte es sich wieder vernehmlich und schluckte ein paarmal gar bedeutsam, und dann verschwand es im Erdloch. Die Lichtlein aber sprangen auf den kleinen Tannenbaum hinauf, und die Zündholzschachtel, die aus so guter Familie war, zog sich ein Zündholz nach dem anderen aus dem Magen, strich es an der braunen Reibfläche und steckte alle die Lichtlein der Reihe nach an. Und wie die Lichtlein brannten und leuchteten im tiefverschneiten Walde, da ist auch noch keuchend und atemlos vom eiligen Laufen das Pfefferkuchenherz angekommen und hängte sich sehr freundlich und verbindlich mitten in den grünen Tannenbaum, trotzdem es nun doch die warmen Filzschuhe unterwegs verloren hatte und arg erkältet war. Der kleine Tannenbaum aber, der so gerne ein Weihnachtsbaum sein wollte, der wußte gar nicht, wie ihm geschah, daß er nun doch ein Weihnachtsbaum war.

Am anderen Morgen aber ist der Dachs aus seiner Höhle gekrochen, um sich das Pfefferkuchenherz zu holen. Und wie er ankam, da hatten es die kleinen Englein schon gegessen, die ja in der heiligen Nacht auf die Erde dürfen und die so gerne die Pfefferkuchenherzen speisen. Da ist der Dachs sehr böse geworden und hat sich bitter beklagt und ganz furchtbar auf den kleinen Tannenbaum geschimpft.

Dem aber war das ganz einerlei, denn wer einmal in seinem Leben seine heilige Weihnacht gefeiert hat, den stört auch der frechste Frechdachs nicht mehr.

Rainer Maria Rilke
DAS CHRISTKIND

»Gestorben« stand in gleichgültigen, brutalen, feucht-
leuchtenden Lettern in dem dicken, grünen Kranken-
hausbuch. In derselben Zeile war zu lesen: II. Stock,
Zimmer 12, Nummer 78. Horvát, Elisabeth, Försters-
tochter, 9 Jahre alt.

Der frühe Februarabend sah wie mit rotgeweinten Bü-
ßeraugen, müd und mürrisch, in das Zimmer 12. Die
grauweißen Wände der Krankenstube schienen in dem
gleichfarbenen Dämmer zu zerfließen, und das schwarze Holzkreuz schwebte frei in der Luft. Die Eisenbetten waren in verschwommenen Umrissen sichtbar. Die
dämmerige Atmosphäre lag wie ein Bann auf den Kindern, deren je zwei ein Lager teilten. Irgendwo in dunkler Ecke weinte eines trostlos und leise, ein anderes erzählte mit weicher, vorsichtiger Stimme, als ob es am
Bett der kranken Mutter säße, und ein kleines Mädchen, dem Fenster zunächst, hockte aufrecht in den Kis-
sen, die Arme um die aufgestemmten Knie geschlungen.
Sein Profil und die rundliche Schulter hoben sich scharf
als Silhouette ab von dem blaßgrauen Fenster. Und die
karbolsatte Luft war so dicht, daß es schien, als prall-
ten die schüchternen Laute des plaudernden Mädchens
an ihr ab, und nur das versteckte Weinen aus der dun-

keln Ecke bohrte sich mit spitzen Tönen in das Dämmer. So ist es im Wald an den Nebelnachmittagen des Frühherbstes: Die Stimmen aus Bach und Kraut versickern in dem Dunstmeer, und nur das Wimmern windgequälter Wipfel zittert durch den einsamen Tann.

Jetzt trat die wartende Schwester zärtlichen Schrittes in die Stube ein. Sie entzündete die Gasflamme, die, hinter grünem Zeug versteckt, an der Mittelwand des Zimmers angebracht war. – Das mondscheinfarbene Licht flutete weich wie eine an flachem Sande landende Welle durch den Raum und beleuchtete fast gleichmäßig die fünf Eisenbetten. Die Schwester aber schob den Vorhang ein wenig beiseite: ungehemmt, mit rücksichtsloser Gewalt brach das grelle, rote Licht hervor. Eines von den mattschwarzen Wandtäfelchen war jetzt voll beschienen; es trug die Nummer 78. Das Bett darunter war zerwühlt und leer. Die Schwester trat hinzu, entfernte die Linnen und glättete die Matratzen.

Die Kinder waren alle verstummt. Sie folgten jeder Bewegung der Schwester mit geblendeten, lichtscheuen Blicken. Sogar die Kleine in der Ecke weinte nicht mehr. Sie saß aufrecht, den Kopf in beide Fäustchen gepreßt, und unter der schneeweißen Stirnbinde glühten ihre Augen, groß, wie eine einzige dunkle Frage.

Die Wärterin warf ihr die Puppe, die sie im verlassenen Lager gefunden, in den Schoß. Das Kind zuckte nur leicht zusammen und rührte das Spielzeug nicht an. Als starrte es in eine grelle vernichtende Flamme, sprühte in seinen Fieberaugen ein unsteter, flackernder Widerschein auf. Und in unbestimmtem Bangen verkroch sich das Kind, das das Bett mit ihm teilte, unter die Decke.

Da wandte sich die Kleine beim Fenster, und ihre Stimme war wie ein Sonntagslied:

»Ist die Betty jetzt ein Engel?«

Die Schwester nickte und lächelte und breitete mit ihren weißen Händen die hellblaue Hülldecke über das leere Bett.

Der Tod ist ein Nummerwechsel. – Die kleine Elisabeth lag jetzt drunten in der Kammer, deren weiße Außenwände sie oft vom Fenster aus gesehen hatte. Sie war kleiner geworden und brauchte mit ihren abgefrorenen Füßchen wenig Raum in dem schlichten Holzbett, an dem schon die neue Nummer angeheftet war. Die Nummer der Grube da draußen. Die war schon bereit; aber sie gähnte nicht schwarz wie der Rachen eines Untiers. Die hereinbrechende Nacht begann ein schimmerweißes Schneelinnen hineinzuweben, so daß der Platz nett und verlockend aussah wie das Bettchen reicher Kinder. Und die kleine Betty in der stillen Kammer lag so ruhig und getrost da, als wüßte sie das. Die wachsweißen Händchen hielten, wie spielend, ein kleines Holzkreuz, das Haar sonnte wie ein Heiligenschein aus der Spitzenwolke des Sterbekissens, und um die dünnen, blassen Lippen blühte ein wehmütiges Lächeln; so schlingt sich ein Kranz Immortellen um ein vergilbtes Gebetbuchblatt.

Lächelte sie, weil sie schon die liebe Mutter gesehen

hatte, die sie nun seit vier Jahren beim lieben Gott erwartete? War die kleine Seele schon auf jungen, schimmerweißen Falterflügeln durch die grauen Nebel, an lauter lächelnden Sternen vorbei, in die ewige Heimat geflogen? Flatterte sie schon über die weite Milchstraße, wo so viele fleißige Engel sitzen, die immer neue Sterne blasen, wie die Kinder auf Erden Seifenkugeln? War sie leicht gar schon nahe beim lieben Gott, der einen großen, silbernen Bart haben mußte und eine große, leuchtende Krone? Dorthin dürfen doch reine Seelen?

Und Narben gehen ja nicht durch bis auf die Seele – nicht wahr?

Sie kriechen nur über das kleine tote Körperchen wie rote, giftige Raupen. – Und wenn der liebe Gott befiehlt, daß die kleine Elisabeth mit diesem Körperchen angetan vor ihm erscheinen sollte, so werden die Wunden daran sicher schon heil sein, und man wird selbst im Himmel, wo es doch sehr hell ist, nicht einmal einen roten Strich mehr sehen.

Und das ist gut; denn der liebe Gott und die gute Mutter – sie sollen nicht wissen, daß die Stiefmutter die kleine Betty blutig geschlagen hat. Und daß sie's nie erfahren, das betete wohl die Kleine mit den blassen, gefalteten Händchen und den stillen, toten Lippen in der dunklen Leichenkammer.

Seliger Weihnachtstag, da die Kleinen mit vor Ungeduld trippelnden Beinchen und leuchtenden Augen an der verschlossenen Türe lauschen, hinter der sich helle, duftende Wunder vorbereiten, mit wichtiger Miene der Mutter zusehen, die den Festtagsfisch schmort für das Abendessen und, alte Lieder auf den frischen Lippen, zum Großmütterchen, das im hohen Ohrenstuhl am plaudernden Feuer träumt, hüpfen und ihm die sanften, faltigen Hände küssen. Und dann kommt wohl auch der Vater heim und bringt, Schneeperlen im Barte, ein tüchtig Stück Winter mit und erzählt vom Christkind, das ihm auf verwehten Wegen begegnet ist, und daß es Haare wie eitel Gold hat und die Hände voll bunter, prächtiger Dinge. – Und draußen heult der Sturm, und ein Schlitten klingt irgendwo, und alles ist so geheimnisvoll und so groß und so feierlich, daß man es nie mehr vergessen kann – ein ganzes Leben nicht.

Und die kleine Elisabeth hatte es auch nicht vergessen, daß es einmal so war, als Mutter noch lebte und die fremde Frau mit dem roten Gesichte noch nicht mit am Tische aß. Und sie hockte fröstelnd am Herde, in dem ein wildes, ungastliches Feuer loderte.

Ihre Sehnsucht nach der Mutter war auf einmal gar groß. Und als die dicke Frau sie mit Schlägen aus der Küche trieb, da verkroch sie sich wie ein mißhandelter Hund in den letzten Winkel unter dem Dache und weinte dort leise in sich hinein. Und es war, als löste sich alles Schwere, Dunkle in ihr in diesen lautlosen Tränen. Sie wußte endlich nur, daß es heute wieder Weihnachten war und daß alle guten Kinder fröhlich sein müssen, weil das Christkind durch die Welt geht.

Der Vater fand sie dort, strich ihr mit zitternden Fingern durchs Haar und schenkte ihr ein paar Kreuzer – einen ganzen Reichtum für das Kind. Und Betty hüpfte empor und schlang mit lachenden, klaren Augen beide Arme fest um Vaters Hals.

Das war wie ein Abschied.

Zwei Stunden später trippelte die Kleine, Vaters Kreuzer in der rechten Faust, durch die Gassen des Städtchens. Der Weihnachtstag war weiß und windstill, und der körnige Schnee verbrämte wie weißes Pelzwerk die dünnen Schuhe des Kindes. Es lief waldwärts. Bei den letzten Häusern traf es eine kleine Gespielin. Die verstellte ihr den Weg und sagte in überlegenem Tone: »Glaubst du, das Christkind kommt auch zu dir?«

Betty schlug die großen, blauen Augen auf und antwortete mit inniger Überzeugung: »Das Christkind kommt zu allen braven Kindern.«

Und die Mittagsglocken klangen groß und ernst in den frostroten Weihnachtstag, als sagten sie ein »Amen« dazu.

Beim letzten Krämer kaufte Elisabeth um ihre Kreuzer ein paar Kerzchen, eine bunte, lange Flitterkette, Zündhölzchen und ein riesiges Herz aus Lebkuchen. Mit diesen Schätzen beladen lief sie weiter in den Wald, wo ihr schon keine Menschen mehr begegneten als die, die wegabseits dürres Reisig suchten; und die sahen vergrämt und erfroren aus und achteten nicht des Kindes.

Es gibt eine Stelle im Walde, wo der Abend, der sein Gold, ängstlich wie ein Geizhals, hinter den nächsten

Berg trägt, zögernd verweilt, als könnte er sich kaum trennen von der schönen Erde. Dort stehen langstielige weiße Blüten, und die wiegen dann ihre Pracht im veratmenden Winde, wie Kinder, die dem scheidenden Vater ihre Tücher nachschwenken. So – sommers. Allein auch mitten im Winter, da der frühmüde Abend die roten Sohlen durch den schimmernden Schnee schleift, rastet er dort und küßt mit letzter Glut die alte, auf verwitterter Steinsäule wohnende Wegmadonna, die ihm in einsamer Wehmut nachlächelt.

Das war der kleinen Elisabeth liebster Platz. Dorthin war sie oft geflüchtet, brennende Schläge auf dem Rücken, und hatte der vergessenen Himmelskönigin ihr Leid erzählt wie einer Mutter. Und ihr war oft gewesen, als trüge das Steinbild die Züge des toten Mütterchens. Und nun hatte sie die Stelle noch viel lieber. Solang es Blumen gab, verging kein Tag, ohne daß das Kind den rostigen Nagel am Sockel mit frischem Schmuck verdeckte; und, traun, wenn jeder Altar im Lande nur *einen* solchen Beter fände, Gott müßte der Welt näher kommen!

Auch an diesem Weihnachtsabend ging die Kleine den gewohnten Weg und schleppte den Tand, den sie eingekauft hatte, mit sich. Ein stiller Plan machte ihre Augen glänzen und ihre Füßchen eilen. Sie warf der Steinmadonna einen neckisch-ehrfurchtsvollen Blick zu, der besagen sollte: Gelt, ich bin brav? Heut hast du mich nicht erwartet.

Dann ging sie ohne Zagen ans Werk.

Jenseits des Pfades, an dem die Betsäule stand, begann ein junges Tannengehölz. Das kleine Mädchen wählte einen der vordersten Bäume, dessen Spitze es mit ausgestrecktem Arm eben noch erreichen konnte, und spannte die bunte Papierkette um die waagrechten Zweige, auf denen schon fester Schnee wie glitzernder Demantschmuck prangte. Dann tropfte es die Kerzchen an den Ast-Enden fest, und zugleich mit dem ersten Stern der Heilsnacht gingen die Lichter an dem einsamen Weihnachtsbaum auf.

Das war nun wirklich eine große Pracht. Um die rotschwelenden Kerzchen herum schmolz der Schnee, und das glitzerte und blitzte, daß es eine Freude war. Klein-Elisabeth sagte zuerst ein frommes Sprüchlein vor der Muttergottes her und rief, auf das strahlende Bäumchen weisend: »Freuts dich?« Dann biß sie gar herzhaft in das Lebkuchenherz und stand mit vollen Backen so nah vor dem leuchtenden Tannenbaum, daß der Widerschein des Glanzes in ihren reinen Augen funkelte.

Der ganze, weite Wald schien das Christfest mitzufeiern. Die hohen, schwarzen Tannen standen weit im Umkreis wie ehrfurchtsvolle Beter und staunten das just noch so unbedeutende Bäumchen an, wie Menschen ein Wunderkind betrachten. Die fernen Sterne sogar schienen sich über der Stelle zusammenzudrängen, um ja nichts von dem Schauspiel zu verlieren und dem lieben Gott und den Engeln und der guten Mutter der kleinen Elisabeth erzählen zu können, was für ein braves Kind sie wäre.

Auf den dämmerigen Waldwegen aber kamen große schwarze Vögel in neugierigen Sprüngen näher. Die könnten auch Hunger haben, dachte das Kind; Betty verspürte keine Furcht, und so teilte sie das mächtige Kuchenherz mit den gierigen Gästen. Ihr ward so froh und so selig, daß sie hätte singen mögen, wenn sie nur ein recht schönes, würdiges Lied gewußt hätte.

Die Kerzen waren schon ziemlich tief gebrannt; da setzte sich die Kleine zu Füßen des Heiligenbildes hin mit glücklichen Augen und frostblauen Händchen. Aber vom Frieren fühlte sie nichts. Es war so wunderstill um sie, und wenn sie die Augen schloß, so sah sie sich auf dem Schoß der teuren Mutter sitzen in warmer, traulicher Stube. Die Uhr tickte in gemessenem, behäbigem Takte, und der Wind schraubte sich in den prasselnden Kamin. Die Mutter strich ihr leise und zärtlich über den Scheitel und küßte sie mit roten, weichen Lippen mitten auf die Stirn. Und sie war schön, die Mutter, schön, wie die Fee im Märchen von Andersen, und trug eine seltsame Krone im reichen, flutenden Haar.

Und sie anschauen – war gut …

So kam es, daß die kleine, arme Elisabeth ein schöneres Christfest hatte als die reichen, satten Kinder in den schimmernden Stuben.

Sie war sehr glücklich. Und dieses Glück leuchtete auf dem kleinen Gesichte, wie sie so zu Füßen der Madonnensäule schlief. Die Händchen waren fest und treu gefaltet, und vom Steinbild floß ein schwarzer

Schatten über das lächelnde Kind, als hätte die gnädige Himmelsfrau einen schützenden Schleier darüber gebreitet.

Das Bäumchen strahlte noch einmal hell auf in mählich verlöschender Pracht, und es hub ein Schneien an, langsam und feierlich, als schwebten alle Sterne zur Erde nieder.

Zwei Waisenkinder gingen an diesem Weihnachtsabend spät aus der Stadt dorfwärts durch den Wald. Und sie erzählten dem Pfarrer im Dorfe atemlos, mit glänzenden Augen:

»Wir haben das Christkind gesehen – mitten im Wald. Es lag neben einem herrlich leuchtenden Bäumchen und ruhte aus. Und es war schön, das Christkind – so schön …«

Es begab sich aber zu der Zeit, daß ein Gebot von dem
Kaiser Augustus ausging, daß alle Welt geschätzt würde. Und diese Schätzung war die allererste und geschah
zur Zeit, da Kyrenius Landpfleger in Syrien war. Und
jedermann ging, daß er sich schätzen ließe, ein jeglicher
in seine Stadt.

Da machte sich auf auch Joseph aus Galilea, aus der
Stadt Nazareth in das jüdische Land zur Stadt David,
die da heißt Bethlehem, darum er von dem Hause und
Geschlechte Davids war, auf daß er sich schätzen ließe
mit Maria, seinem vertrauten Weibe, die war schwanger.
Und als sie daselbst waren, kam die Zeit, daß sie gebä-
ren sollte. Und sie gebar ihren ersten Sohn und wickelte
ihn in Windeln und legte ihn in eine Krippe, denn sie
hatten sonst keinen Raum in der Herberge.

Und es waren Hirten in der selbigen Gegend auf dem
Felde bei den Hürden, die hüteten des Nachts ihre Herde. Und siehe, des Herrn Engel trat zu ihnen, und die
Klarheit des Herrn leuchtete um sie, und sie fürchteten
sich sehr. Und der Engel sprach zu ihnen: Fürchtet euch
nicht, siehe, ich verkündige euch große Freude, die allem
Volk widerfahren wird. Denn euch ist heute der Heiland
geboren, welcher ist Christus der Herr, in der Stadt Davids. Und das habt zum Zeichen: Ihr werdet finden das

Kind in Windeln gewickelt und in einer Krippe liegend. Und alsbald war da beim Engel die Menge der himmlischen Heerscharen, die lobten Gott und sprachen: Ehre sei Gott in der Höhe und Friede auf Erden und den Menschen ein Wohlgefallen.

Und da die Engel von ihnen gen Himmel fuhren, sprachen die Hirten untereinander: Lasset uns nun gehen gen Bethlehem und die Geschichte sehen, die da geschehen ist, die uns der Herr kundgetan hat. Und sie kamen eilend und sie fanden beide, Maria und Joseph, dazu das Kind in der Krippe liegen. Da sie es aber gesehen hatten, breiteten sie das Wort aus, welches zu ihnen von diesem Kind gesagt war. Und alle, vor die es kam, wunderten sich der Rede, die ihnen die Hirten gesagt hatten. Maria aber behielt alle diese Worte und bewegte sie in ihrem Herzen. Und die Hirten kehrten wieder um, priesen und lobten Gott um alles, das sie gehört und gesehen hatten, wie denn zu ihnen gesagt war.

Lukas 2,1–20

Theodor Fontane: *Werke, Schriften und Briefe*. Bd. 6. München 1978.

Walter Benjamin: *Gesammelte Schriften*. Hg. von Rolf Tiedemann und Hermann Schweppenhäuser. Bd. IV.1. Frankfurt/M. 1972.

Klabund*: *Die Harfenjule. Neue Zeit-, Streit- u. Leidgedichte*. Berlin 1927.

Christian Morgenstern: *Ausgewählte Werke*. Leipzig 1975.

Rainer Maria Rilke: *Sämtliche Werke*. Bd. 1. Frankfurt/M. 1955.

Joseph von Eichendorff: *Gedichte. Eine Auswahl*. Stuttgart 1957.

J. P. Richter: *Weihnachtsgedichte*. Hg. von Stephan Koranyi. Stuttgart 2006.

August Heinrich Hoffmann von Fallersleben: *Gedichte und Lieder*. Hamburg 1974.

Hans Christian Andersen: *Die schönsten Märchen*. Frankfurt/M. 2009.

Theodor Storm: *Gedichte*. Stuttgart 1978.

Richard Dehmel: *Gesammelte Werke in drei Bänden*. Bd. 2. Berlin 1916.

* d. i. Alfred Henschke

Joachim Ringelnatz: *und auf einmal steht es neben dir.*
Gesammelte Gedichte. Berlin 1950.

O. Henry: *Das Geschenk der Weisen.* Zürich 1924.

Selma Lagerlöf: *Die Silbergrube und andere Erzäh-
lungen.* Aus dem Schwedischen von Marie Franzos.
München 1930.

Joseph Roth: *Werke in vier Bänden.* Bd. 3. Köln 1976.

Wilhelm Raabe: *Die Chronik der Sperlingsgasse.*
Frankfurt/M. 1978.

E. T. A. Hoffmann: *Die Serapions-Brüder.* München
1963.

Manfred Kyber: *Gesammelte Märchen.* Hamburg
1949.

Weihnachten mit Rainer Maria Rilke. Hg. von Hella
Sieber-Rilke. Frankfurt/M. 2010.

Weihnachtsgeschichte nach Lukas: Lk 2, 1–20 LUT.

Orthographie und Zeichensetzung richten sich nach der jeweiligen Vorlage.